그린 IT 경제학

IT SHAKAI O KANKYO DE HAKARU－GREEN IT
by MATSUNO Yasunari and KONDO Yasuyuki

그린 IT 경제학

마차노 야스나리 · 곤도 야스유키 엮음 | 김성희 · 김재경 · 최주철 옮김

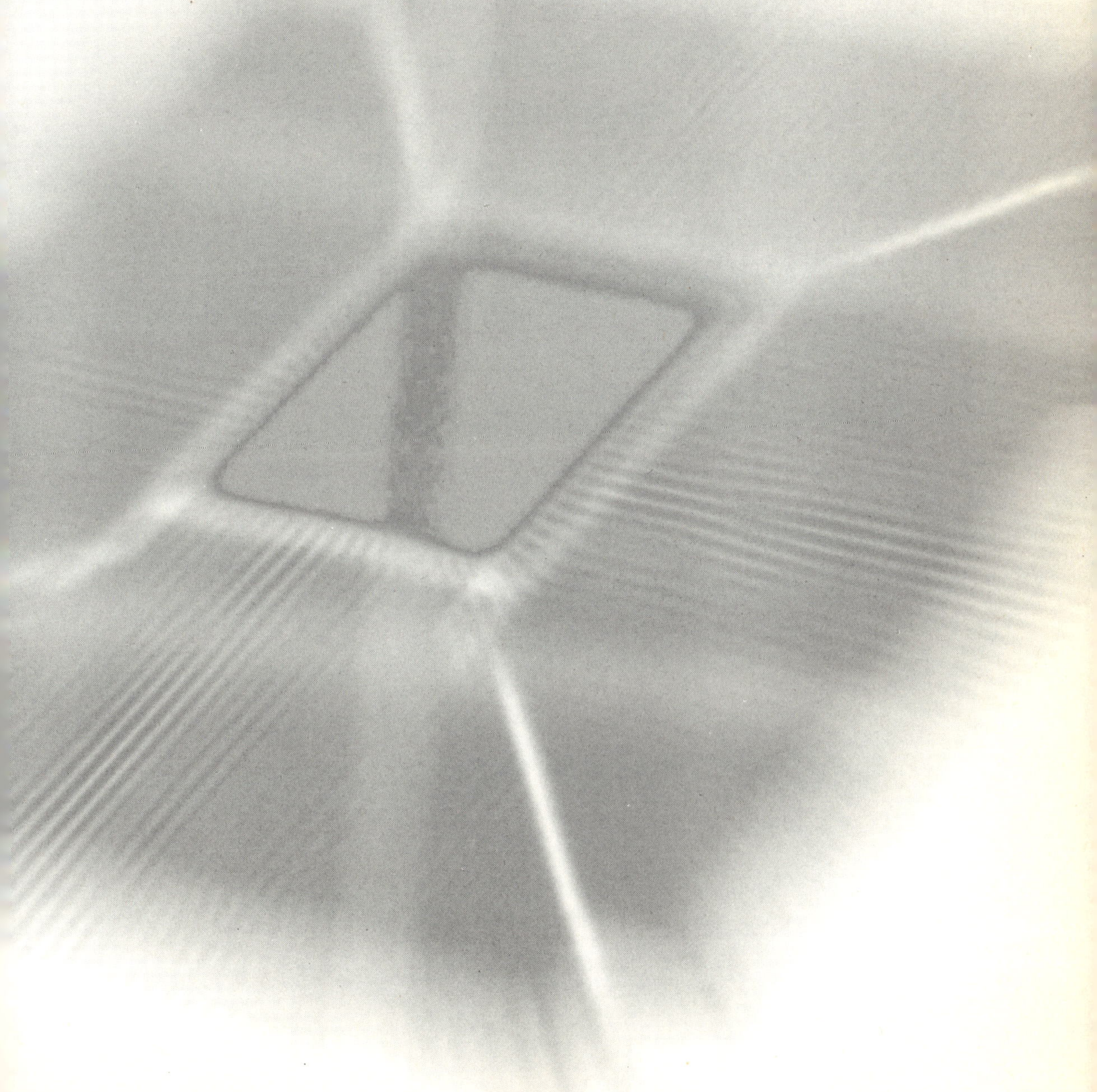

율곡출판사

옮긴이의 글

최근 선진국을 중심으로 웰빙과 환경을 동시에 고려하는 로하스족(LoHAS)이 늘고 있다. 또 제품을 구매할 때 친환경 요소를 우선시하는 '그린소비자' 도 무시 못할 고객층으로 대두되고 있다. 지난 2003년 이미 미국에서 로하스족은 30%를 넘어섰고, 이들 중 절반은 친환경 제품에 20% 이상 웃돈을 낼 수 있다는 조사결과가 나오기도 했다.

사실 오래 전부터 많은 기업들이 점심시간 전등 끄기, 퇴근 전 컴퓨터 전원 끄기 및 마지막 퇴근자가 전등 확인, 이면지 활용 등의 다양한 활동들을 이미 했거나 하고 있는 상황이다. 또한 개인들은 자동차의 경제속도 준수, 내리막길 운전 시 가속페달 밟지 않기, 출발은 천천히, 타이어 공기압 체크, 유사연료 사용금지 등의 활동을 통해 생활 속에서 자연스럽게 에너지 절감을 위해 노력하여 왔다. 이를 통해 IT 공급자 및 사용자인 기업, 고객 입장에서는 효율성 및 비용 절감, 기업 이미지 제고를 통한 기업 가치 향상, 전 지구적 문제인 온난화 해소, 그리고 직장인 및 사회인으로서의 친환경에 대한 뿌듯함 등의 긍정적인 효과를 얻을 수 있을 것이다.

또한 2008년 전 세계적인 에너지 위기가 왔을 때, 언론을 통해 많이 언급되었지만, 많은 기업 및 개인이 그린 IT에 대하여 관심을 가지게 되었고 인지하고 있는 상황이다. 그러나 그린 IT에 대한 대략적인 내용을 기술한 보고서나 기사는 많이 찾아볼 수 있지만, '그린 IT를 구체적으로 어떻게 할 것인가?'에 대한 명쾌한 해답을 제시하고 있는 자료는 찾아보기 어려운 실정이다. 즉, 그린 IT 활동을 체계적이고 전략적으로 접근하기보다는 캠페인성으로 진행하는 경우가 많았다. 또한 소위 KPI(Key Performance Index), 즉 명확한 측정지표가 없고 관리되지 않다 보니 지속되지 못하고 일시적인 행사로 끝나는 경우가 많았다.

그린 IT는 그린 IT 도입으로 인해 절감되는 전기요금 및 운송/수송 부문에서의 에너지 비용만 산출하더라도 비교적 손쉽게 투자대비 효과(ROI)를 측정할 수 있기 때문에 다른 IT 시스템 및 애플리케이션과 달리 단기간에 직접적인 투자효과를 확인할 있다는 장점이 있다. 하지만 직접적인 에너지 비용의 절감 못지않게 IT 제품이나 솔루션의 재사용성 및 재활용성도 중요하다.

미국발 금융위기로 촉발된 세계 금융위기가 본격적인 실물경기 위축으로 이어지면서 전 세계가 경기침체의 소용돌이 속으로 빠져들고 있다. 또한 2009년 들어서 에너지 가격이 점차 안정되고 있으나 언제 갑자기 에너지 위기가 다시 촉발될지 알 수 없는 불확실성이 증대되고 있는 상황이다. 하지만 이를 경영학자들이 매번 강조하는 '위기는 기회이다' 라고 역발상적 사고를 하면, 지금 우리는 일생에 한 번 올까 말까 한, 다시 말해 100년에 한 번 올 기회를 맞이하고 있는 것이다.

이 책은 일본 사단법인 산업환경관리협회에 소속된 21명의 저자들이 만든 책으로, 정보통신기술이 환경에 미치는 영향을 계량화할 수 있는 환경부하 평가기법과 환경효율 평가기법이 소개되어 있다. 또한 이 기법을 활용하여 일본 내의 다양한 사례를 알기 쉽게 제시하고 있다. 환경부하 평가기법은 제품의 라이프 사이클(제조, 운송, 판매, 사용, 폐기, 재사용) 전 과정에서의 환경부하를 정량적으로 평가하는 기법이므로, 그린 비즈니스에 관심 있는 기업 및 개인에게는 아주 유용한 역서가 될 것으로 생각한다.

역자들은 그린 IT 내용을 체계적으로 알기 쉽게 기술한 책을 준비하다가 일본에서 발간된 이 책을 접하게 되어 번역하게 되었다. 번역을 하였지만, 여러 번 회의를 거쳐 문장의 흐름을 자연스럽게 하도록 노력하였으며, 용어도 우리 실정에 맞는 적절한 것으로 정하려고 노력하였다. 또한 원서의 제목은 "IT 사회와 환경측정 : 그린 IT" 이지만, 역서의 제목은 "그린 IT 경제학" 이라고 명명하였다. 이 책이 그린 IT에 관심이 있거나 기업에서 그린 IT 분야의 전문가가 되려는 사람들에게 도움이 되기를 바란다.

2009년 5월

옮긴이 일동

엮은이의 글

금세기는 "환경의 세기"로 불려지고 있다. 특히 2005년 2월 16일에 쿄토의정서가 발효됨으로써 차후 일본에서는 산업, 운수, 민생 전 부문에 걸쳐 온실효과 가스의 배출을 삭감해야 한다. 기업의 경영과 우리의 매일 매일의 환경 합리성에 근거한 의사결정이 강력하게 요구되고 있다. 근년에는 에코 프로덕트, 에코 라벨, 에코 앤드, 그린컨슈머 등 환경을 축으로 한 신 비즈니스 모델과 컨셉이 많이 창출되고 있다.

20세기 말부터 일본에서는 정보통신기술(ICT)이 눈에 띄게 발전 보급되고 있다. 2003년 말에는 휴대전화 및 인터넷의 세대보급률이 90% 정도에 달하여 일상 생활에 큰 변화를 가져왔다. 기업들은 ICT의 도입으로 Supply Chain의 효율화를 도모하여 보다 적은 자원과 환경부하로 생산이 가능하게 되었다. 운송분야에서는 ETC를 시작으로 하여 고도도로 교통시스템의 도입에 의해 정체회피 등 수송의 효율화와 환경부하의 삭감이 시도되고 있다. 또한 일상 생활에서도 "e-Tax(국세전자신고 납세시스템)", 텔레비전회의, 텔레워크 등의 도입에 의한 정보의 전달로 사람과 물건의 이동 없이 온실효과 가스 등 환경부하의 삭감이 가능하게 되었다. 이와 같이 ICT는 우리의 생활에 편리함과 안심을 가져오는 것뿐만 아니라 환경부하를 삭감하는 역할도 한다.

그렇지만 ICT 인프라의 발전과 보급에 의해 환경부하가 증대하고 있다. 예를 들어 고속네트워크를 지원하는 인프라를 건설하기 위해 라우터, 스위치, 서버 등 대량의 전자통신기기가 제조되어 투입되면서 24시간 통전에 의한 전력소비가 매년 증대하고 있으며, 사용된 기기가 폐기되는 공정에서도 환경부하가 발생하고 있다.

이와 같이 ICT에는 "빛과 그림자"의 양면이 있기 때문에 ICT를 설계 · 판매하는 기업, 그리고 이용자는 그 양자를 적정하고 객관적으로 평가한 후에 설계와 도입에 대한 적절한 의사결정을 해야 한다. 이와 같이 "그린 IT"의 개발과 도입은 차후의 ICT 사회에서의 승리를 위한 키워드라고 할 수 있다.

이와 같은 배경 하에 본서는 IT 사회를 환경에서 측정한 공통 틀의 제공과 실천사례의 소개를 통하여 그린 IT의 보급을 목표로 집필되었다. ICT와 관계된 환경부하에서 현재 최고로 우려되고 있는 것은 전력소비에 따른 이산화탄소(CO_2) 배출이다. 그러나 ICT 도입에 따른 업무효율화와 탈물질화 이동의 삭감 등의 효율에 의해 저감이 현저해지는 환경부하도 CO_2를 배출한다. 그것이 본서에서는 주요한 환경부하로써 CO_2를 처리하는 것이다.

본서는 기업, 대학, 연구소 등에서 ICT에 종사하는 기술자, 연구자, 환경관리에 관계하는 실무 및 연구에 종사하는 사람들에게 넓게 읽힐 수 있도록 집필되었다. 또한 대학(원)생과 ICT를 이용하는 사람(소비자)들도 ICT가 어떻게 CO_2 등 환경부하를 삭감하는가를 쉽게 이해할 수 있도록 집필되었다. ICT의 분야와 라이프 싸이클 어세스먼트(LCA) 등 환경관리 툴에 익숙하지 않은 사람들도 이해하기 쉽도록 전문용어의 사용과 기술의 상세한 기술은 가능하면 피했으며, 구체적인 사례를 통해 설명을 했다.

본서는 다음과 같이 구성되어 있다. 제1장에서는 ICT와 환경의 개념에 대하여 설명했다. ICT의 보급, 발전에 따른 에너지의 소비, 환경문제, 검토사례에 대하여 설명하고 ICT의 환경부하 삭감 포텐셜에 대하여 설명했다. 제2장에서는 제품 및 서비스의 환경부하를 평가하는 기법인 LCA를 ICT에 적용할 때 유의해야 하는 사항에 대하여 설명했다. 특히 대상으로 하는 ICT의 환경을 실제로 계산하는 것에 대하여 데이터 수집방법과 계산방법을 설명하는 것만이 아니라 환경부하 평가에 사용하는 원단위 사례에 대하여도 제시하고 있기 때문에 LCA에 적용되는 사항도 중요하게 설명한다. 제3장에서는 ICT의 환경효율 팩터 평가의 개념과 계산방법에 대하여 설명하고 있다. 여기에서 설명하고 있는 ICT가 유발하는 환경부하와 제공한 가치를 대비하기 위한 "환경효율"의 개념은 최근 도입하는 기업이 증가하고 있다. 그렇지만 ICT의 가치를 숫자로 나타내는 방법에 대해서는 검토가 진행 중이기 때문에 본서에서는 지킬 수 있는 원칙을 중심으로 기술했다. 제4장에서는 ICT의 환경부하 평가, 팩터 평가의 사례를 게재하고 있다. 대개는 각각의 실제 IT 회사가 설계하여 도입하고 있는 ICT의 실례이다. 그리고 제5장에서는 ICT 평가의 과제와 차후의 방향성을 서술하고 있다.

본서의 집필에 기초가 된 것은 2005년도에 경제산업성이 (사)산업환경관리협회에 위탁하여 일본 환경효율 포럼에 참가한 IT기업 8개사(캐논, 도시바, 일본전기, NTT, 히다찌, 후지 제록스, 후지쯔, 마쯔시다)와 동경대학이 워킹그룹을 결성하여 작성한 "ICT의 환경효율성 평가 가이드라인"이다. 이 가이드라인에는 ICT의 환경부하, 환경효율의 평가 및 이것들을 비교평가하기 위한 일반적인 구성, 원칙, 요구사항 등이 기재되어 있다. 가이드라인의 작성을 위해 환경에 선구적으로 대응하는 기업의 액기스 파트가 1년여에 걸쳐 뜨겁게 의논하여 원칙과 구성을 결정했다. 이와 같은 방법은 일본 최초이고 세계에서도 손가락으로 꼽을 정도이다. 본서는 이 가이드라인에 기준하여 일반 사람들이 이해하기 쉽도록 집필되었다.

금후 ICT의 설계자, 이용자가 본서를 활용해 지속적으로 발전시켜 새로운 비즈니스와 라이프 스타일을 창출하게 되기를 기원한다.

본서의 적성에 대해 (사)산업환경관리협회의 토다 씨는 구성단계부터 의논에 참가해 귀중한 의견 및 격려를 해주었다. 깊이 감사드린다.

2007년 1월 길일

도쿄대학 마츠노 야스나리

와세다대학 곤도 야스유키

제4장 ICT의 환경부하 평가의 실시 예

제5장 ICT 평가의 과제 및 향후 방향성

제1장 ICT와 환경

1.1 ICT와 환경문제의 관계/1.2 유비쿼터스 네트워크 사회를 향해
1.3 ICT의 빛과 그림자/1.4 ICT와 에너지 소비/1.5 ICT와 환경에 관한 지금까지의 검토상황
1.6 ICT의 분류/1.7 ICT의 현명한 활용

본 책을 읽기 전에 ICT와 환경문제와의 관계에 대해 우선 이해해야 한다. 20세기부터 우리의 생활을 크게 변화시키고 있는 ICT는 앞으로도 새로운 개발과 보급이 이루어질 것이다. ICT는 환경문제를 증대시키는 요인과 저감시키는 요인, 소위 '빛과 그림자'의 양면을 가지고 있다. 왜 그러한 구조를 이루고 있는지 본 장에서 설명해 보기로 한다. 또 지금까지 일본의 ICT와 환경에 관한 검토상황 및 산업계, 학계, 정부의 실천 모습에 대해서도 설명한다. 그리고 마지막으로 'ICT의 현명한 활용'을 위해 무엇을 고려해야 하는지에 대해 설명해 보기로 한다.

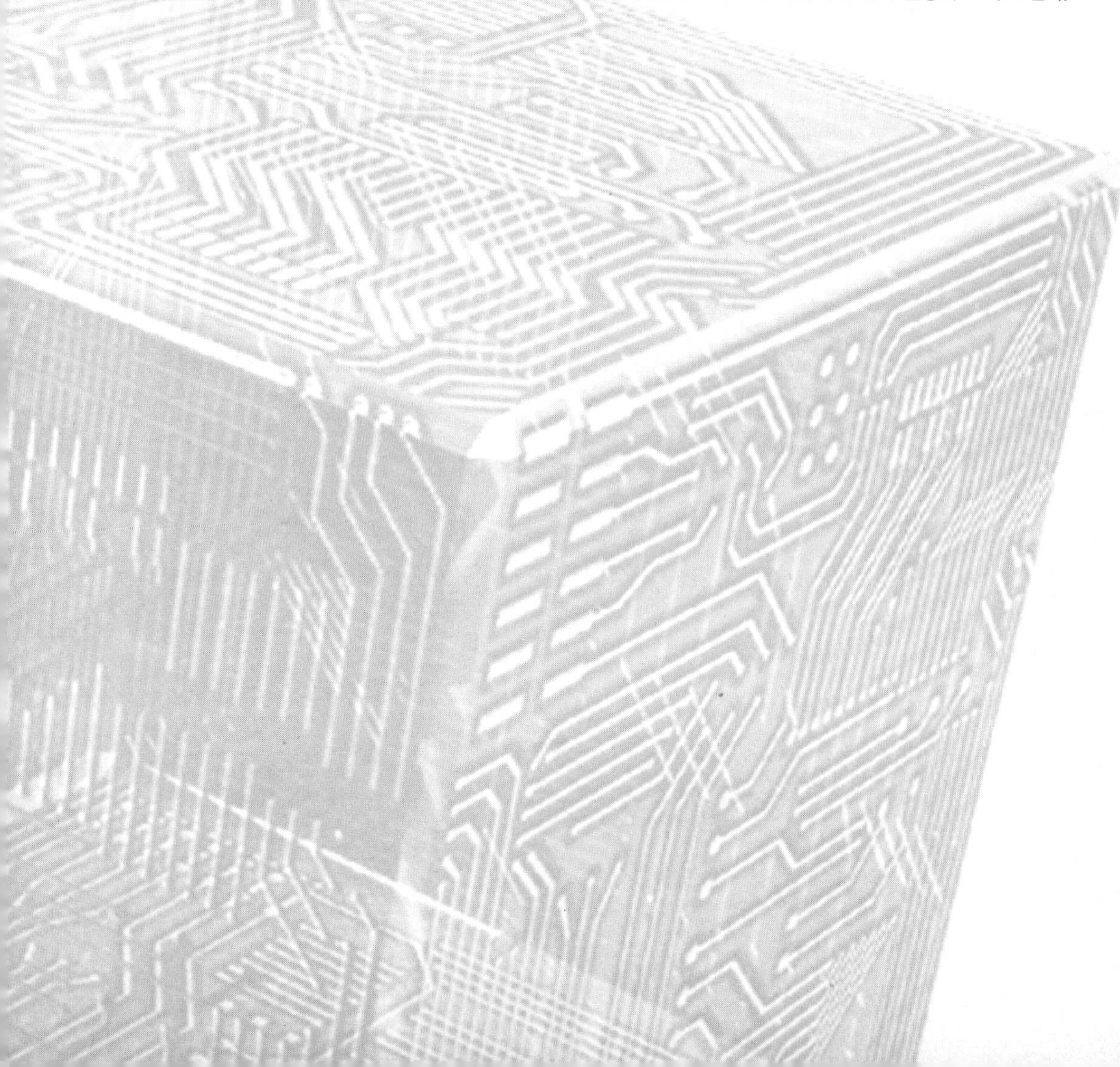

1.1 ICT와 환경문제의 관계

20세기 말부터 정보통신기술(ICT)이 현저하게 발전하여 전신 · 전화의 세계에서 휴대전화 · 인터넷의 세계로 이동하고 있다. 이러한 변화가 우리 주변, 특히 지구환경에 어떤 영향을 주고 있는지에 대해 생각해 보자. 잘 알고 있는 바와 같이 산업혁명에 의해 대량생산 · 대량소비 시대가 시작되어 우리의 라이프 스타일은 크게 변화하였고, 동시에 지구환경에도 영향을 미치고 있다. 대량생산을 위한 자원채취가 가속화되어 매장자원의 고갈이 우려되고 있다. 생산과 운송, 이동을 위해 에너지를 필요로 하고 있어 화석자원의 소비와 그 연소에 따른 이산화탄소(CO_2)의 배출이 증가하고 있으며, 이에 온난화 등 지구에 미치는 영향이 우려되는 상황이다. 또한 소비에 따르는 폐기물이 대량 발생하고 있어 리사이클 추진과 폐기물의 매립지(최종 처리장) 확보가 과제로 남아 있다.

정보혁명은 산업혁명과 달라 대량으로 물건을 생산하고 소비하지 않는다. 그러나 ICT는 지구환경에 적지 않은 영향을 미치고 있다. 우선 ICT의 발전에 의해 네트워크 인프라가 정비되어 단말기기의 이용이 증가하고 있다. 이러한 네트워크 인프라의 운용과 단말기기의 이용에 따라 전력에너지가 소비된다. 에너지 소비량의 추계와 예측에 관해서는 1.4절에서 자세하게 설명하기로 한다. 그리고 설비 구축과 기기 제조를 위해 자원을 이용해야 하는데, 특히 하이테크 기기에는 백금, 팔라듐, 탄탈 등의 희귀자원을 이용하는 경우도 있다. 그리고 사용이 끝난 설비와 기기에 관해서는 폐기라는 문제가 남게 된다. 사용이 끝난 대부분의 전자기기는 Reuse와 리사이클, 폐기물로 처리되고 있지만, 적정하게 처리되지 않고 개발도상국 등으로 부정 수출되는 경우도 있다. 처리 설비가 불충분한 장소에서 리사이클 등의 처리를 하게 되면, 납 등의 중금속 처리가 적절하게 이루어지지 않아 토양오염 등의 환경문제를 일으키는 경우가 있다. 한편 ICT는 환경에 악영향만 미치는 것이 아니라 환경개선을 촉진시키는 효과도 있다.

즉, ICT를 바탕으로 사전에 정보를 입수하여 수급 균형을 고려한 제조에 의해 생산효율을 높이고, 도로의 정체 정보를 제공하여 주행을 효율화하며, 화물의 수취장소와 배송장소를 최적화하여 차량배송 경로를 선정하는 등 물류를 효율화한다. 화상회의 등을 활용하여 이동을 감소시키고, 소프트웨어와 음악, 영상 등을 네트워크를 통해 보급함으로써 탈물질화를 도모하고, 물건의 생산과 물류를 감소시키는 등의 효과도 있다. 또 작업의 효율화와 종이 등의 기록매체를 절감시켜 기존에 필요로 했던 작업공간과 보관공간도 불필요해진다. 이러한 환경개선 효과의 산출내용에 대해서는 제2장부터 자세히 설명하기로 한다. 또한 환경에 관한 정보가 유통됨으로써 환경의식이 높아져 환경을 배려하는 행동을 촉진시킬 수 있다. 환경 goo 등의 환경 포털 사이트와 관공서 등의 홈페이지에서 제공하는 환경 정보를 쉽게 입수해 지식을 습득하게 된다. 그리고 e-러닝 등 ICT에 의한 환경교육의 보급도 기대할 수 있다. 대기환경 센서와 수질 센서 등의 모니터링을 통해 환경을 감시하여 환경 악화 방지를 도모할 수 있다.[1] 철새에

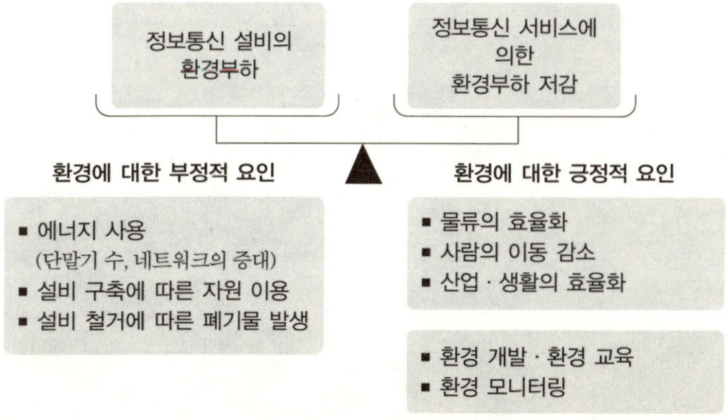

◀ **그림 1.1-1** ICT가 환경에 미치는 영향

게 소형 발신기를 장착시켜 이동경로를 알아내고 철새의 생태를 조사하여 보호하는 효과도 있다.[2]

이와 같이 ICT를 활용하는 것은 환경부하를 발생시키는 측면도 있고, 환경부하 발생을 억제시키는 측면도 있다(**그림 1.1-1**). 이 두 가지 측면을 이해한 후에 ICT를 잘 활용하여 환경부하를 저감시켜 나가는 것이 바람직할 것이다.

1.2 유비쿼터스 네트워크 사회를 향해

일본에서는 1869년에 도쿄-요코하마 간 정보사업이 시작되어 원거리 사람에게 신속하게 메시지를 보내는 것이 가능해졌다. 1890년에는 전화 서비스가 시작되어 원거리 사람과 통화할 수 있게 되었다. 이와 같이

▼ 그림 1.2-1 통신 네트워크의 변천(NTT 홈페이지에서)

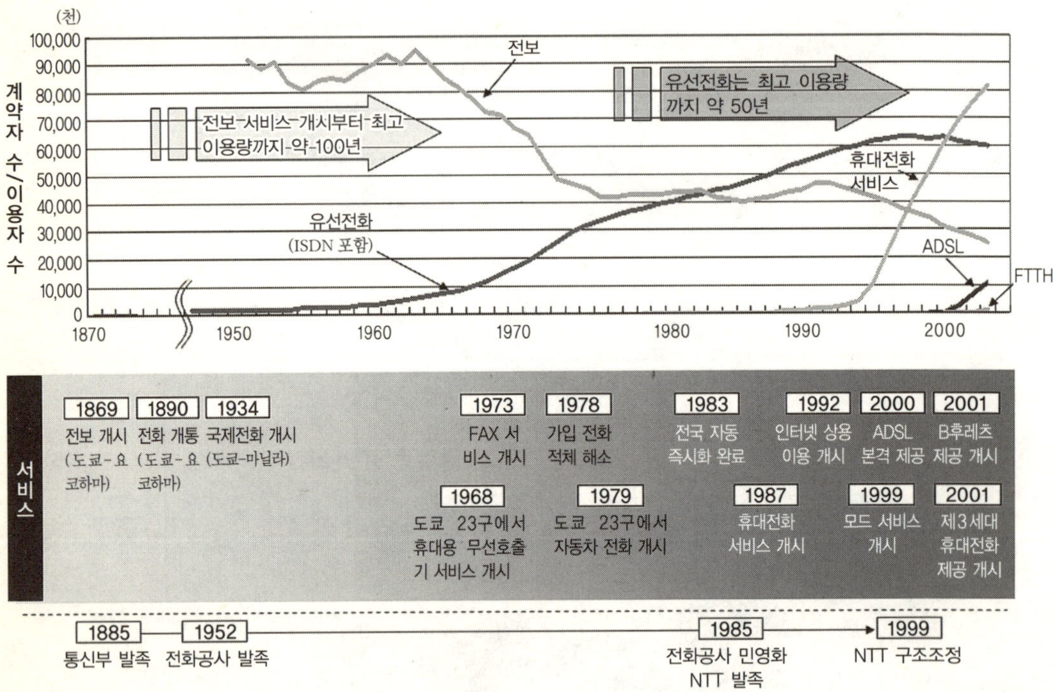

ICT의 선구자격인 전신전화 서비스는 '거리'를 극복했다고 할 수 있다. 그리고 1987년부터는 휴대전화 서비스가 개시되어 '언제라도', '어디에서라도' 커뮤니케이션이 가능하게 되었다. 한편 1992년부터 인터넷 상용 이용 시대가 시작되었는데, 2000년에는 광대역 ADSL에 의한 인터넷 접속 서비스가 본격화되었고, 2001년에는 광섬유에 의한 인터넷 접속 서비스가 제공되기 시작했다. 이러한 인터넷 접속 서비스를 이용하면, 전자메일과 IP 전화 등에 의해 일본 국내뿐만 아니라 전 세계의 사람들과 간단하게 커뮤니케이션할 수 있으며, 또 WEB 등을 통해 전 세계의 정보를 입수하거나 전 세계를 향해 정보를 발신할 수 있다. 즉, '누구라도, 누구와도', '버튼 없이' 커뮤니케이션이 가능하게 된 것이다. **그림 1.2-1**은 정보통신의 보급상황을 나타낸 것이다.

일본 정부는 2001년에 e-Japan 전략을 내세우고 네트워크 인프라 등의 기반을 정비하여 광대역 보급을 촉진하였다(**그림 1.2-2**). 2005년에 세계 최첨단의 IT 국가가 될 것을 목표로 하여, 2003년에는 e-Japan 전

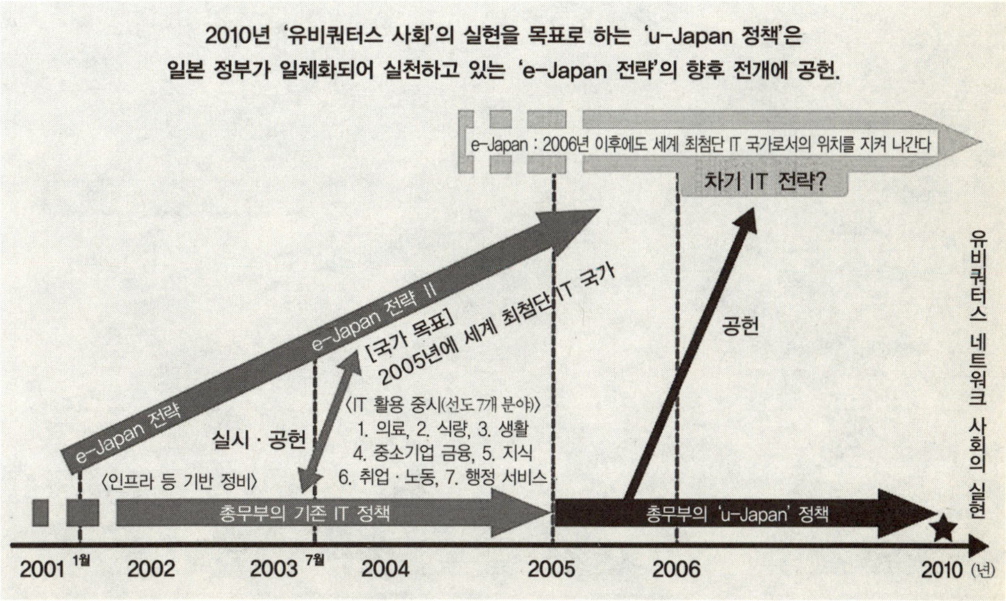

▼ 그림 1.2-2 'e-Japan 전략'의 향후 전개에 대한 공헌(일본 총무부 홈페이지에서)

략 II를 세우고 IT 활용의 중점분야를 정해 규제 완화 및 환경정비 조성을 실시하였다.

그 결과 2005년에는 세계에서 가장 낮은 가격에 고품질의 광대역 서비스를 제공할 수 있게 되었다. 이에 총무부는 2010년 '유비쿼터스 네트워크 사회(언제라도 어디에서라도 네트워크에 연결되는 사회)'의 실현을 목표로 u-Japan 정책을 내세우고, 2006년 이후에도 세계 최첨단 IT 국가로서의 위치를 지켜 나가기 위해 노력하고 있다. u-Japan은 ICT가 일상 생활의 구석구석까지 보급되어 간단하게 이용할 수 있는 사회이기 때문에 '언제, 어디서나, 무엇이든, 누구라도' 네트워크에 간단히 연결되고 사람-사람뿐만 아니라 사람-물건, 물건-물건이 이어져 어떤 국면에서든 커뮤니케이션이 더욱 중요한 역할을 담당하는 시대가 올 것으로 예상된다.

그림 1.2-3은 2010년의 유비쿼터스 네트워크 사회에 대한 이미지를

▼ 그림 1.2-3 2010년 유비쿼터스 네트워크 사회의 이미지(일본 총무부 홈페이지에서)

나타낸 것이다. 광대역, 정보 가전, IPv6, 전자태그, 디지털 방송 등의 기술이 실용화되어 출산율이 줄어들고 고령화되는 사회에 대응하고 있다.

예를 들어 고령자가 살기 편한 환경으로서는 ICT 활용에 의한 원격진료 추진, 도로 등의 배리어 프리(Barrier Free : 장애우, 고령자, 일반인 등 모두가 쾌적하고 안전하게 생활할 수 있는 환경을 제공)화, 고령자의 취업기회 촉진, 간호복지 시스템의 실현을 들 수 있다. 이 외에도 식품 트레이서빌리티(Traceability : 제조이력과 유통과정을 실시간으로 파악할 수 있는 시스템)와 홈 시큐리티 시스템(Home Security System : 가정의 안전과 경비를 담당하는 시스템) 등 안전하고 안심할 수 있는 생활을 위한 ICT의 활용을 생각할 수 있다.

1.3 ICT의 빛과 그림자

1.1절 및 1.2절에서 설명한 바와 같이 ICT의 발전 · 보급은 사회적 과제인 환경 · 에너지 문제, 출산율 저하 · 고령화 문제를 해결할 수 있으며, 수업이나 강의를 받는 시간과 장소 등의 제한이 없어져 도시와 지역 간 교육수준 격차의 시정 및 교육기회의 다양화를 도모할 수 있는 등 지역격차 해소 등에 효과가 있다. 이러한 ICT의 활용이 인간사회에 미치는 긍정적인 면으로, a. 시간과 거리 극복에 의한 편리함 향상, b. 실수 없는 작업(Perfect Operation)과 완전한 수급 일치(Perfect Matching)가 가져다 주는 유통과 생산의 효율화에 의한 경제사회 발전, c. 블로그와 휴대전화 등 새로운 문화 창조와 지적 능력의 발달 촉진, d. 커뮤니케이션의 활성화에 의한 상호 이해 촉진을 들 수 있다. 이는 ICT의 긍정적인 부분이라고 할 수 있다.

그러나 ICT 발전에 따라 우려되는 부분도 있다.

1.1절에서 설명한 바와 같이, a. ICT 보급에 따른 정보통신기기와 네트워크 장치의 전력소비 증가, 기기 제조를 위한 자원소비, 고기능화를 달성하기 위한 희귀자원과 유해 화학물질 사용, 사용이 끝난 기기의 부적절한 폐기처리로 인한 환경문제 등을 들 수 있다. 또한 b. ICT의 이용방식에 따라 자원과 에너지를 더욱 소비하게 하는 리바운드 효과, 예를 들어 사무자동화로 페이퍼리스 시스템(Paperless System : 무전표 시스템)을 갖추었음에도 불구하고 문서를 인쇄하게 되면 종이 소비가 더욱 증가하게 되는 경우나 ICT 활용으로 편리해졌기 때문에 사용빈도가 더욱 증가하는 경우 등이 해당된다. c. ICT를 악용한 송금 사기 및 위장, 정보교환 소프트웨어에 의한 정보 누출, 바이러스와 사이버 테러 등의 범죄도 발생하고 있다. 또한 d. 지역 간 ICT 보급 정도의 격차, 고령자와 장애자에 대한 배리어프리 인터페이스(Barrier Free Interface : 정보기기가 버튼 하나로 연결되는 환경)의 결여, 빈부격차 등에 의한 디지털 디바이드(Digital Divide : 정보를 가진 사람과 가지지 않은 사람의 격차)가 발생한다.

그리고 e. 악성 컨텐츠 제공은 청소년에게 악영향을 주는데, 네트워크 세계에서의 매너가 실종되어 게시판에 악성 댓글을 달거나 블로그에 비난이 쇄도하게 되고, 가상세계에 빠지거나 실제 세계와 구별하지 못하는 심리상황이 나타나는 등 정신적인 면에서의 악영향을 생각할 수 있다. 이러한 영향은 ICT의 부정적인 부분이라고 할 수 있다.

이와 같이 ICT의 보급은 빛과 그림자의 양면이 있으므로 긍정적인 부분을 더욱 강력하게 추진함과 동시에 부정적인 부분을 되도록 최소화하기 위해 부단히 노력해야 할 것이다.

1.4 ICT와 에너지 소비

향후 ICT를 활용한 서비스의 보급 · 전개에서 가장 우려되는 것은 소비전력의 증가이다. 일본의 ICT 기기와 네트워크의 소비전력을 나카무라 외 다수가 이미 추산한 바 있는데[3], 유이 후지(由比藤) 외 다수는 최신의 통계와 기기의 출하 통계 등에 의한 조사와 예측을 실시하였다.[4] 지금부터 그 개략적인 내용에 대해 설명하기로 한다.

	사용자	사업자
고정 통신계	전화기, FAX, 모뎀류(BB 라우터 등)	교환기, 공조
이동체 통신계	휴대 단말기기	기타 국, 교환기, 공조
인터넷계	라우터, 허브, PC, 서버	라우터, 허브, 서버, 데이터 센터 공조

▲ 그림 1.4-1 전력소비량의 산출대상

ICT 관련 기기는 고정 통신계, 이동체 통신계와 인터넷계가 있으며, 각각 사용자가 이용하는 기기와 사업자가 서비스 제공을 위해 사용하는 장치가 있다(**그림 1.4-1**). ICT 보급에 관해서는 광대역 서비스가 비약적으로 도입되는 시나리오(광통신 가입자 수 4,000만, 제3세대 휴대전화 가입자 수 9,900만 등)와 현재의 서비스를 견실하게 향상시켜 나가는 기존 분발형 시나리오(광통신 가입자 수 3,000만, 제3세대 휴대전화 가입자 수 8,700만 등)가 있는데, 최종적으로는 그 중간인 기본 시나리오가 될 것으로 예측된다. 고정 통신계 및 이동체 통신계의 경우는 이 시나리오를 기초로 각종 서비스의 가입자 수를 추측하여 소비에너지를 산출하였다. 한편 인터넷계의 라우터, 허브, PC, 서버에 대해서는 출하대수를 예측하여 가동대수를 추산하였다. 또 에너지 절약 대책으로서 데이터 센터의 직류전원 공급을 통해 기기에서 2할, 공조 적용으로 1할의 소비전력을 절감할 수 있도록 하였다. 사용자 기기에 대해서는 톱 러너 제도(Top Runner : 에너지 효율이 가장 높은 제품으로 대체)에 의해 현상보다 소비전력이 4할 적은 기기가 향후 투입될 것으로 예상되었다. 그 결과 일본의 ICT 관련 전력소비량은 2010년에 430억kWh에 이르게 되며, 인터넷계가 큰 비율을 차지한다. 참고로 에너지 절약 대책을 실시하지 않을 경우는 ICT 관련 전력소비량이 2010년에 520억kWh에 이르러 현상 대비 에너지 소비량이 큰 폭으로 증가할 것이 예상된다(**그림 1.4-2**).

▼ 그림 1.4-2 ICT 관련 전력소비량의 추이 예측

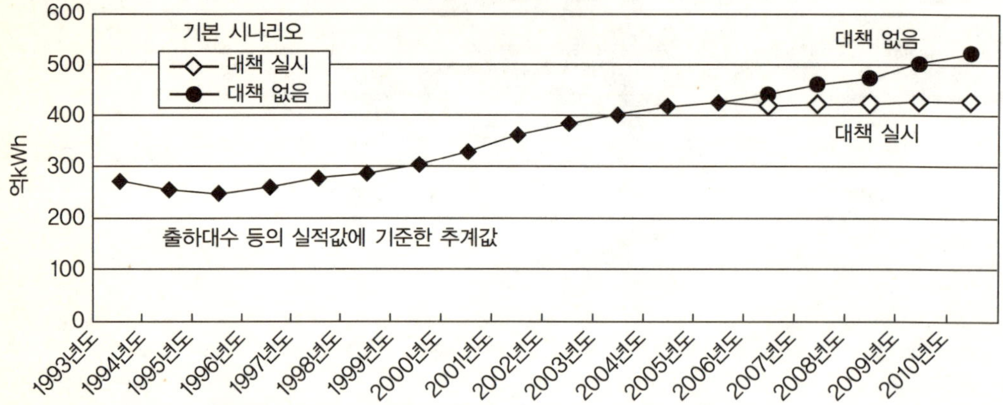

(주) 사용자 측 장치 포함

ICT 이용에 의한 일본의 에너지 소비량 절감 예측에 대해서도 나카무라 외 다수가 보고한 바 있다[3, 5]. 여기서는 ICT 이용 케이스마다 산출 모델을 설정하고 통계값을 이용하여 에너지 소비 절감량을 산출하였다. 이 방법은 ICT 보급 정도를 바탕으로 연간 평가도 가능하다. 자세한 산출방법은 일본 (사)산업환경관리협회 홈페이지에 공개되어 있으므로[6] 관심 있는 경우 참조하기 바란다. 그 개념은 다음과 같다

평가분야는 a. 온라인 쇼핑 등의 개인용 전자상거래, b. 공급망 관리 등의 법인용 전자상거래, c. 전자정부, 전자지자체, 전자신문과 음악 전송

표 1.4-1 ICT 활용에 의한 에너지 절감 효과의 평가

평가분야	이용 케이스
개인용 전자상거래	온라인 쇼핑, 온라인 항공권 발행 편의점에서의 여행권 판매, 현금 자동지급기 설치
법인용 전자상거래	공급망 관리 온라인 거래, Reuse 시장
전자정부, 전자지자체	전자입찰
물질의 전자정보화	신문 · 서적류, 음악계 컨텐츠 영상계 컨텐츠, PC 소프트웨어
고도도로 교통시스템	내비게이션
사람의 이동	재택근무, 화상회의, 원격관리

나카무라 외, SETAC/ISIE/Swiss Discussion Forum(2003년 스위스)

등, d. 물질의 전자정보화, e. 고도도로 교통시스템, f. 사람의 이동 등 6개 분야이다. 이 6개 분야에서 16가지 이용 케이스를 설정했다(**표 1.4-1**).

예를 들어 온라인 쇼핑의 경우를 보면(**그림 1.4-3**), 제조회사에서 소비자에게 상품이 직접 도착하기 때문에 도매점이나 소매점을 경유하는 상품 물류가 사라진다. 또 팔리지 않는 상품에 대해서는 반품을 하게 되는데, 소매에서 도매, 제조회사로의 반품 물류도 사라지게 된다. 물론 해당 상품에 대해서는 도매와 소매가 관여하지 않으므로 도매와 소매의 사업

▼ 그림 1.4-3 온라인 쇼핑의 영향

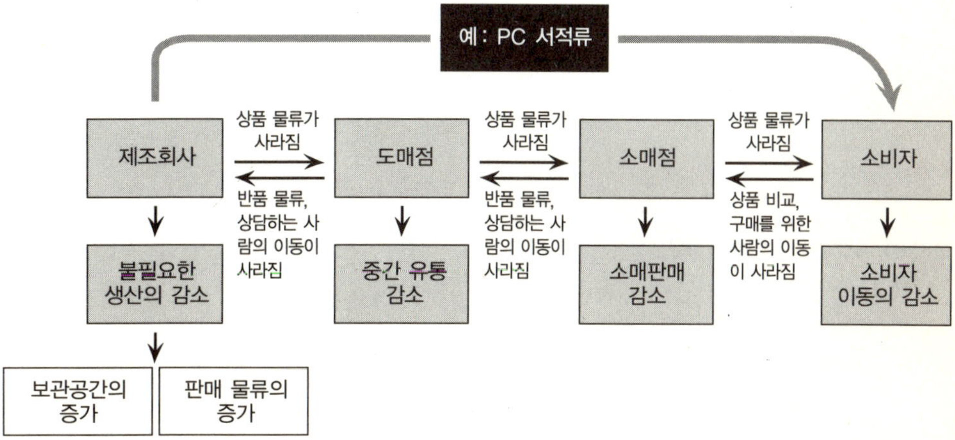

활동에 의한 소비에너지도 감소하게 된다. 또 도매와 소매에서는 고객에 대한 유연한 대응을 위해 상품을 다양하게 구성해야 하는데, 이를 위해 일반적으로 예상 발주를 하게 된다. 예상 발주를 하게 되면 제조회사는 최종적으로 불필요한 물건도 생산하게 된다. 이것이 소비자로부터 직접 발주되면 예상 생산이 사라져 불필요한 생산이 감소된다. 소비자도 소매점까지 갈 필요가 없어진다. 그러나 제조회사 측에 상품 보관을 위한 공간이 필요하게 되고, 소비자에게 상품을 직접 전달하는 소량화물 배송이 증가한다. 여기서 에너지 소비량이 증가하는 측면도 있지만, 전체적으로 보면 에너지 소비량이 절감되는 효과를 얻을 수 있다. 이와 같이 ICT 이용에 관한 16가지 이용 케이스의 에너지 소비량 절감 효과를 합쳐 보면, 2002년에 155PJ(페타 줄 : P(페타) = 10^{15}, 1억 kWh = 0.36PJ), 2010년에는 612PJ에 이른다. 이는 일본 전체 에너지 소비량의 1.0%, 3.9%에 해당한다(**표 1.4-2**).

표 1.4-2 **ICT 활용에 의한 에너지 소비 절감 효과의 예측**

분야	에너지 소비량(PJ)		일본 전체에 대한 비율(%)	
	2002년	2010년	2002년	2010년
개인용 전자상거래(B에서 C)에 의한 에너지 소비 절감 효과	56.0	99.8	0.4	0.6
법인용 전자상거래(B에서 B)에 의한 에너지 소비 절감 효과	75.6	395.2	0.5	2.5
전자정부, 전자지자체(G에서 B)에 의한 에너지 소비 절감 효과	0.0	0.3	0.0	0.0
물질의 전자정보화에 의한 에너지 소비 절감 효과	0.8	39.0	0.0	0.3
고도도로 교통시스템(ITS)에 의한 에너지 소비 절감 효과	7.6	20.7	0.0	0.1
사람의 이동에 의한 에너지 소비 절감 효과	14.9	56.9	0.1	0.4
합계	155	612	1.0	3.9

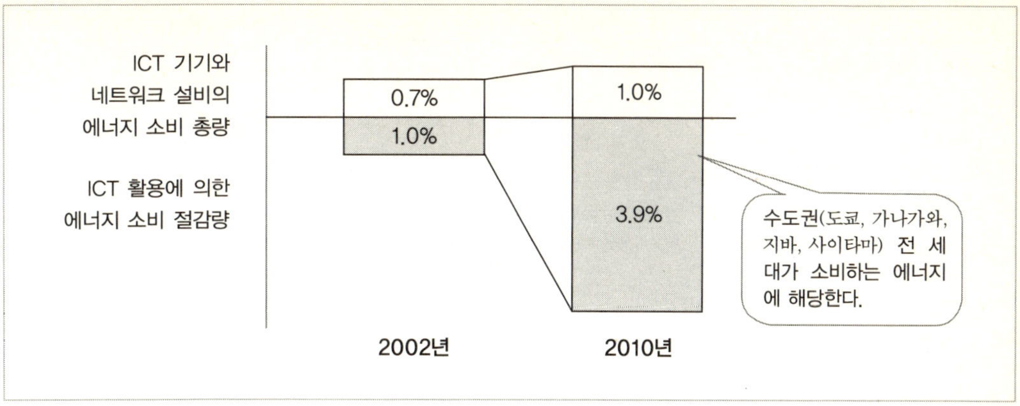

▲ **그림 1.4-4 ICT 활용에 의한 에너지 소비량과 절감량**

살펴본 바와 같이 ICT를 이용할 때 기기와 네트워크 장치에서 소비되는 전력이 발생하긴 하지만 ICT를 이용함으로써 생산과 유통의 효율화, 이동의 효율화와 감소, 기록매체의 불필요화 등에 의해 에너지 소비량이 절감된다. 이 값을 비교하면(**그림 1.4-4**), 2002년의 경우 ICT 기기와 네트워크 설비의 에너지 소비 총량은 일본 전체 에너지 소비량의 0.7%이지만, ICT 이용에 의한 에너지 소비 절감량은 1.0%에 해당한다. 즉, ICT가 사용하는 총량보다 ICT 이용에 의한 절감량이 크다. 이것이 2010년에 이르면, ICT와 네트워크 설비의 에너지 소비 총량은 1.0%까지 증가하지만, ICT 이용에 의한 에너지 소비 절감량은 3.9%로 비약적인 증가를 나타낸다. 이 3.9%라는 수치는 수도권(도쿄, 가나가와, 지바, 사이타마) 전 세대의 연간 소비 에너지량에 해당한다.

1.5 ICT와 환경에 관한 기존 검토상황

일본 국내에서의 ICT와 환경에 관한 공동 검토 및 조사는 과거 우정부 조사연구회에서 가장 먼저 실시해 왔다. **표 1.5-1**은 지금까지의 주요 검토 예를 나타낸 것이다. 이 중에서 최신 검토 예로 '유비쿼터스 네트워크

표 1.5-1　ICT와 환경에 관계된 일본 국내의 검토 예

우정부 '정보통신과 환경문제에 관한 조사연구회'(1994년도)
의장 : 이시구로(石黑) 도쿄대학 교수

우정부 '환경부하 저감형 정보통신 시스템의 보급대책에 관한 조사연구회'(1995년도)
의장 : 이시구로(石黑) 도쿄대학 교수

우정부 '경제활동의 전자화에 의한 환경부하 저감 효과에 관한 조사연구회'(1996년도)
의장 : 구로카와(黑川) 법정대학 교수

환경부 '일독 기후정책 대화 : IT Sector'(2000년도)

지구환경 전략연구기관 'IT 혁명과 환경연구회'(2000~2002년도)
위원장 : 미츠하시 지바 상과대학 교수

지구산업 문화연구소 'IT 혁명이 지구환경 문제에 끼치는 영향' 연구위원회(2000~2001년도)
위원장 : 가야(茅) 도쿄대학 명예교수

총무부 위탁 조사 'IT가 지구환경에 끼치는 영향의 평가에 관한 조사'(2001년도)
의장 : 미토모(三友) 와세다대학 교수

경제부 위탁 조사 '정보통신기술(ICT) 서비스의 환경효율 사례 수집 및 산정기준에 관한 검토'(2003년도)
위원장 : 마츠노(松野) 도쿄대학 조교수

일본 환경효율 포럼 '정보통신기술(ICT)의 환경효율 평가의 가이드라인'(2004~2005년도)
위원장 : 마츠노(松野) 도쿄대학 조교수

총무부 '유비쿼터스 네트워크 사회의 발전과 환경에 관한 조사연구회'(2004년도)
의장 : 후카미(深海) 게이오 기주쿠대학 명예교수

일본 SIS 프로젝트(2004~2005년도)

환경부 탈온난화 2050 프로젝트(2004~2006/2008년도)
연구 총괄 : 니시오카(西岡) 국립환경연구소 이사

사회의 발전과 환경에 관한 조사연구회', '탈온난화 2050 프로젝트', '일본 SIS 프로젝트'에 대해 간단하게 그 내용을 소개해 보기로 한다.

1.5.1 유비쿼터스 네트워크 사회의 발전과 환경에 관한 조사연구회

일본 총무부의 '유비쿼터스 네트워크 사회의 발전과 환경에 관한 조사연구회'는 후카미(深海) 게이오대학 명예교수가 의장, 모리 도쿄 이과대학 교수가 의장대리를 맡고, 인터넷 이니셔티브, 이온, NEC, NTT, NTT

데이터, 아오미즈 건설, 정보통신 연구기구, 도시바, 도요타 자동차, 닛폰 통운, 닛폰 IBM, 후지쯔가 참가하여 현재의 실천상황 보고와 2010년 유비쿼터스 사회 실현을 위한 방안에 대해 제안하였다.[7] 그 결과 유비쿼터스 네트워크 사회(2010년)는 2,650만t의 CO_2 저감에 공헌할 것이라고 결론지었다. 즉, 유비쿼터스 네트워크 사회의 발전에 의해 네트워크와 단말장치의 소비전력이 증가하고 CO_2가 200만t 증가하지만, 재택근무, 고속도로 교통시스템(ITS) 등에 의한 통근량 감소, 교통정체 완화로 CO_2가 410만t 저감되며, 생산 · 물류 · 소비의 효율화로 1,070만t 저감, 철강, 중공업과 같은 중후 장대산업에서의 산업구조 전환으로 1,770만t을 저감할 수 있다는 것이다. **그림 1.5.1-1**은 환경부하 저감에 이바지하는 유비쿼터스 네트워크 시스템의 개요를 나타낸 것이다.

▼ 그림 1.5.1-1 환경부하

'언제, 어디서나, 무엇이든, 누구라도' 네트워크에 연결되는 유비쿼터스 네트워크 사회에 의해 '에너지 이용효율의 개선', '물질의 생산을 효율화', '사람과 물질의 이동 감소'라는 효과를 얻을 수 있으며, 이에 의해 CO_2 배출량(에너지 소비량)이 줄어든다.

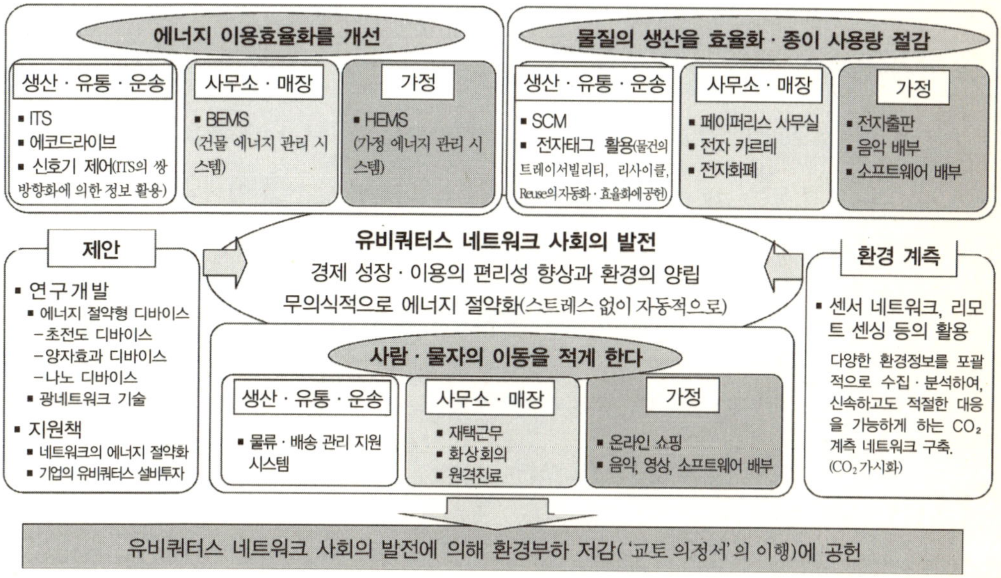

총무부 '유비쿼터스 네트워크 사회의 발전과 환경에 관한 조사 연구회' 보고(2005년)

이 조사연구회에서는 CO_2 저감에 공헌하는 유비쿼터스 네트워크 사회 구축을 위해 다음과 같이 제안하였다.

(1) 연구개발 추진

에너지 절약을 기대할 수 있는 디바이스(초전도 디바이스, 양자효과 디바이스, 나노 디바이스 등), 광네트워크 기술(광라우터, 광스위치) 등 환경부하 저감 효과를 높이는 기술에 대해 연구개발을 촉진한다. 전자태그, 센서 네트워크 등으로 구성되는 환경계측 네트워크 상에 있어서 실시간으로 정보를 수집 · 분석 · 발신하는 대기환경 계측 모델 시스템 등을 개발하여 신속하고 적절한 행정대응을 가능하게 하는 모델 시스템을 개발한다.

(2) 유비쿼터스 관련 투자의 지원

네트워크의 에너지 절약화, 기업의 설비투자, 연구개발 투자 등을 들 수 있다. 구체적으로 설명하면 전기통신 사업자 등이 네트워크의 에너지 절약화에 투자하는 설비투자(라우터, 서버 등의 네트워크 기기에 대한 직류전원 공급, 저소비전력형 기기, 고효율 전원 · 공조 설비 등의 도입)를 촉진하기 위해 환경부하 저감에 도움이 되는 금융지원 조치를 취한다. 센서 네트워크(공조, 조명, 제어) 등 에너지 절약화에 공헌할 수 있는 유비쿼터스 시스템에 대해 민간기업의 설비투자를 촉진하기 위한 세제 및 금융지원 조치를 취한다. 환경부하 저감효과를 높이는 유비쿼터스 기술에 관한 민간기업의 연구개발을 촉진하기 위해 지원내용을 충실화하도록 한다.

(3) 정부 측의 적극적인 실천

전자정부 · 전자지자체에 대해서는 a. 수수료 인하, 24시간 365일 논스톱 서비스를 위한 실천 등 온라인 이용 촉진을 위한 실천을 추진한다.

b. 전자정부 네트워크의 이용을 추진한다. 재택근무의 추진에 관해서도 국가공무원의 재택근무를 전 관청에 도입하도록 진행하는 등 국가가 앞장서 유비쿼터스 네트워크 사회 구축을 위해 노력한다.

(4) 제도 개혁의 추진

유비쿼터스 네트워크 사회 구축을 추진하기 위한 개혁을 실시한다. 구체적으로는 전자 카르테의 보급 촉진, 의료사고 방지를 위한 유비쿼터스 건강의료 실현이나 학교의 LAN 구축에 의한 교육정보화 추진 등 유비쿼터스 네트워크 사회의 발전을 위한 제도개혁 추진을 도모한다.

(5) 국제 공헌

WSIS(세계 정보사회 서미트)에 보내는 제안('도쿄 유비쿼터스 회의' 2005년 5월 개최) 등 유비쿼터스 네트워크 사회의 발전에 의한 환경부하 저감에 관하여 국제적 제휴를 촉진한다.

1.5.2 탈온난화 2050 프로젝트

일본 환경부 주관의 탈온난화 2050 프로젝트는 온난화 사회에 대한 중장기적 정책 옵션의 다면적이면서도 종합적인 평가 · 예측 · 입안 방법을 확립하기 위한 종합 연구 프로젝트로서, 2050년까지 일본의 온난화 방지에 대한 방향제시를 목적으로 하고 있다(**그림 1.5.2-1**)[8]. 각종 기술 선택과 정책 옵션의 조화를 통한 온실효과 가스의 배출 시나리오를 작성하여 실현가능성 · 경제성 등을 평가하는 것이 중심 과제이다. 또한 전제조건인 일본의 저감 목표와 방향에 대해서는 온난화 및 기온 안정화에 관한 과학적 견해, 국제정치에 있어서의 부담 분담 등의 관점에서 그 타당성을

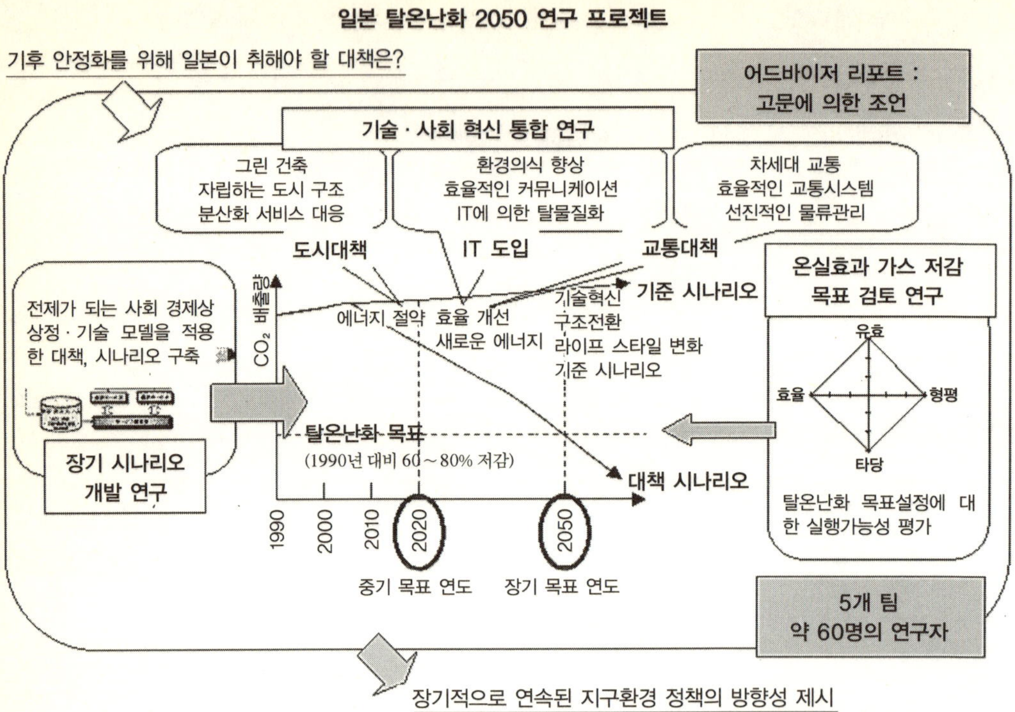

[2004～2006년도(+2년), 환경부 지구환경연구 통합 추진비 전략적 연구개발 프로젝트]

탈온난화 2050 프로젝트 홈페이지 : http://2050.nies.go.jp

▲ 그림 1.5.2-1
탈온난화 2050 프로젝트의 개요

검토해 시나리오 전체의 견고성을 높이고 있다. 도입하는 기술은 기술 시스템 전체를 일치시켜 사회에 대한 침투속도를 고려하는 등 실효성을 갖도록 하였다. 이 프로젝트는 5개 팀으로 구성되어 있으며, 총 규모는 19개 연구기관 60명을 넘는 연구자가 참가하고 있다. 5개 팀은 다음과 같다.

a. 전체상을 파악하는 장기 시나리오 개발 연구와 시나리오에서 도입할 대책, 시책, 정책군의 타당성을 검토하는 정책평가 연구(시나리오 팀)
b. 중장기 온난화 대책을 위한 저감 목표를 설정하는 판단기준 검토 연구(목표 검토 팀)
c. 도시대책(도시 팀)
d. IT 도입 효과(IT 사회 팀)

e. 교통대책(교통 팀)

현시점에서는 2050년의 온실효과 가스를 현재 배출량에서 60~80% 저감하는 것을 목표로 하고 있다. 여기서 IT 사회 팀은 도쿄대, NEC, NTT, 후지쯔로 구성되어 정보화에 의한 사회변혁을 포함한 장기적인 기술변화와 그 영향, 저감 가능성 예측, 정보화에 의한 사회변화 시나리오에 대해 검토하고 있다. 구체적으로는 ICT에 의한 에코 라이프 스타일(Eco-Life Style : 친환경 위주로 의식주 생활 전반이 바뀐 생활양식을 추구하며 살아가는 것), 이동의 에코 디자인(Eco-Design : 제품의 전 과정에서 생길 수 있는 환경피해를 줄이고, 제품기능과 품질경쟁력을 높이는 친환경 디자인), 산업의 효율화 관점에서 향후 사회를 예측하는 포캐스팅과 2050년의 라이프 스타일에 대한 이상적인 모습을, 그리고 ICT에 의한 CO_2 저감 가능량을 추측하는 백캐스팅이라는 두 가지 방법으로 검토하고 있다.

1.5.3 일본 SIS 프로젝트

일본 SIS 프로젝트[9]는 2004년도에 경제부와 기업 10개사가 모여 산관 공동 프로젝트로 시작되었으며, 2005년도에는 기업 7개사에 의한 공동 프로젝트로 실시되었다. 이 프로젝트는 지속 가능한 사회를 유지하는 ICT의 가능성을 검토하고, 2015년의 이상적인 모습을 안내하는 것을 목표로 하며, '비전 2015'라고 명명되었다. 여기에서는 현재의 사회가 안고 있는 여러 가지 과제를 정리하고, 국제사회, 사회와 인프라, 산업과 비즈니스 모델, 생활과 라이프 스타일이라는 네 가지 영역에서 특히 지속 가능한 사회 형성에 큰 효과를 기대할 수 있는 테마를 두 가지씩 추출하여 여덟 개의 테마에 있어서 2015년의 세계를 DIEL(생명을 키워 생활을 풍부하

▶ **그림 1.5.3-1**
DIEL 모델

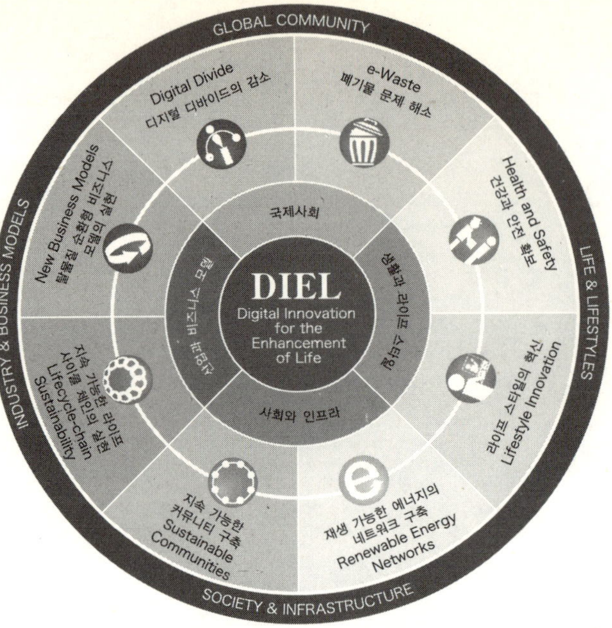

일본 SIS 프로젝트 : http://www.japanisis.jp/vision2015/index.html

게 하는 디지털 혁신 지표) 모델로 표현하고 있다(**그림 1.5.3-1**). 여덟 개의 테마란, a. 디지털 디바이드의 감소, b. 폐기물 문제 해소, c. 재생 가능한 에너지의 네트워크 구축, d. 지속 가능한 커뮤니티 구축, e. 지속 가능한 라이프 사이클 체인의 실현, f. 탈물질 순환형 비즈니스 모델의 실현, g. 건강과 안전 확보, h. 라이프 스타일의 혁신 등이다. 이들 테마에 대해 정책과 제도개혁, 기술발달, 사회기반 확충이라는 관점에서 2015년까지의 로드맵을 작성하였다.

1.6 ICT의 분류

ICT의 환경부하와 효과를 산출하기 위해서는 ICT의 개요를 파악해야 한다.

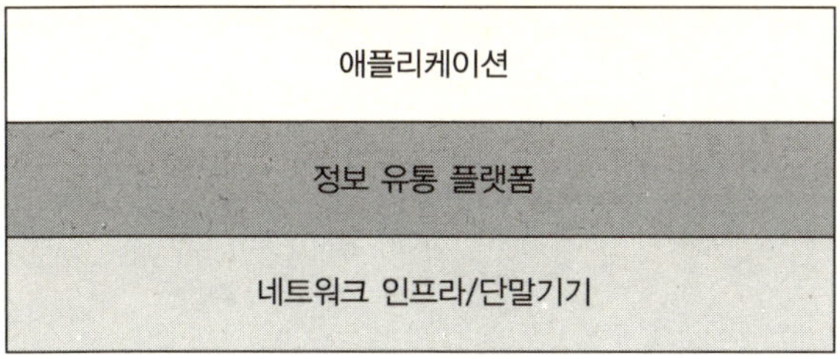

◀ **그림 1.6-1**
ICT의 계층구조

ICT는 일반적으로 애플리케이션, 정보 유통 플랫폼, 네트워크 인프라/단말기기라는 3단계의 계층구조 하에 제공되고 있다(**그림 1.6-1**). 여기서 '네트워크 인프라/단말기기'는 ICT 인프라의 기반에 해당한다. '정보 유통 플랫폼'은 네트워크 인프라/단말기기와 애플리케이션을 연결하는 중간계층이며, '애플리케이션'은 ICT의 개별 사례에 해당한다. 애플리케이션은 기반이 되는 하위계층의 공헌을 통해 이루어진다. ICT에 의한 환경부하 저감 효과는 애플리케이션에 의해 기존의 서비스를 대체하여 얻을 수 있지만, 하위계층(네트워크 인프라/단말기기 및 정보 유통 플랫폼)의 제조와 운용, 폐기에 있어서 자원과 에너지를 소비하기 때문에 하위계층의 소비량도 고려하여 평가해야 한다.

ICT 서비스에는 여러 가지가 존재한다. 그것을 최상위 계층인 애플리케이션에 주목하여 분류하는 것으로, 각종 애플리케이션의 특징을 파악하는 것이 효과적이다.

여기서는 애플리케이션 계층에서의 분류를 전제로 ICT 서비스가 그 속성으로서 지니는 환경적 효과, 즉 물질적 가치 또는 정보 가치의 창조와 유통에 있어서의 환경부하(사람 또는 물질의 이동(또는 제조)) 감소 또는 효율화 측면에서 다음과 같이 6개 항목으로 분류하였다.

a. 물질적 가치의 창조와 해당 유통에 해당하는 상거래 행위(B에서 C)에 있어서

의 정보통신에 의한 효율화(개인용 전자상거래)

b. 물질적 가치의 창조와 해당 유통에 해당하는 상거래 행위(B에서 B)에 있어서 정보통신에 의한 효율화(법인용 전자상거래)

c. 행정사무의 효율화(G에서 B 등의 전자정부, 전자지자체)

d. 정보 가치의 창조와 해당 유통(정보 유통)에 있어서의 전자정보화(정보의 전자화)

e. 차량 교통 흐름의 효율화(고도도로 교통시스템)

f. 정보 유통과 동등하게 간주되는 정보통신에 의한 사람의 이동의 대체(재택근무, 화상회의)

ICT 활용에 의한 작업방식, 비즈니스 모델 및 라이프 스타일의 효율화에 관한 내용은 이용 케이스에 따라 a～d로 분류함과 동시에 자동차에 관한 것을 e로, 사람의 이동에 관한 것을 f로 분류하였다. 지금까지 환경부하 저감 효과에 대해 검토가 이루어진 기존의 개별 애플리케이션 검토 사례는 위의 여섯 가지 분류에 포함시킬 수 있다.[10]

ICT가 구체적으로 어느 정도 환경부하 저감에 기여하는지를 정량적으로 평가하는 방법으로는, 각종 통계 데이터와 경제분석 방법 등을 기준으로 우리나라 전체에 대한 저감 효과를 정량화하는 거시적 분석과 개개의 ICT 사례에 관해서 라이프 사이클 어세스먼트(Life Cycle Assessment, LCA : 제품 생애에 걸친 환경에의 영향을 평가)를 통해 저감효과를 정량화하는 미시적 분석을 들 수 있다. 거시적 분석의 경우, 응용 일반균형 모델 분석과 같이 경제분석 방법을 이용하거나 1.4절에서 설명한 바와 같이 분류 항목마다 에너지 절감 효과를 구하여 일본 전체에서의 환경부하 배출 저감 효과를 정량화하는 것이 가능하다. 한편 미시적 분석의 경우는 개별 ICT와 기존법을 LCA를 통해 비교 · 평가하고, 기능 단위당 환경부하 저감량을 산출하는 것이 주목적이다. 미시적 분석에서는 개별 ICT의 특징을 반영시킨 자세한 분석이 가능하다. 자세한 내용은 다음 장부터 설명하기로 한다. 이론상으로는 미시적 분석을 통해 구한 개별 ICT의 환경부하 저감에 대한 원단위와 도입 규모를 이용해 ICT별 환경부하 저감량을 구하고, 그것을 계산하면 ICT 도입에 의해 발생한 일본 전체의 환경부하 저감량을 구할 수 있다. 그러나 현실적으로는 ICT에 의한 환경부하 저감량에 대해 거시적 분석 및 미시적 분석이라는 두 가지 관점에서 정밀한 평가가 필요하다.

1.7 ICT의 현명한 활용

ICT 활용에 의해 환경부하가 저감될 것으로 기대되지만, 현실에서 바로 효과가 나타나지 않는 경우도 있다. 예를 들어 화상회의로 인하여 사람의 이동이 줄어든 경우인데, 운송수단이 자가용인 경우는 휘발유를 소비하지 않으므로 환경부하가 저감된다. 그러나 지하철이나 버스 등의 공공교통기관을 이용하는 경우는 한 사람이 이용하지 않는다고 해서 버스나 지하철이 출발을 미루거나 운행시간표대로 운행하지 않는 경우는 없기 때문에 효과가 가시적이지 않다. 향후 화상회의가 사회에 많이 보급되어 이동하는 사람이 감소하게 된다면, 운행시간표가 수정되어 운행 횟수가 줄어들 것으로 생각된다. 이와 같은 효과는 물자의 보관이나 사람의 업무에 관한 평가에서도 발생할 수 있다. ICT 활용에 의해 페이퍼리스화나 에너지 절약을 실시하더라도 지금까지 서류를 보관하던 장소로 사용했던 공간이 갑자기 없어지는 것은 아니다. 또 일본 사회에서는 직원을 해고하거나 감축하는 일에 익숙하지 않다. 그러나 공간의 경우는 다른 용도로 사용하거나 다시 재건축할 때 공간을 절약할 수 있으며, 사람의 경우도 결과적으로는 배치 전환이나 퇴직 등에 의한 감원 등을 통해 장기적으로는 감소할 가능성이 있다. 이와 같이 효과가 당장 나타나기 어렵지만 ICT 발전에 의해 사회구조가 변화하여 장기적으로 환경부하를 저감시킬 가능성이 있다는 것을 저감 잠재성이라고 부른다. 이 저감 잠재성을 산출하여 향후의 ICT 활용에 의한 저감 효과가 어느 정도인지 평가함으로써 사회를 지속가능한 방향으로 이끌 수 있다.

하지만 ICT 활용이 편리하고, 쾌적하며, 저렴하다고 해서 자주 사용하게 되면 오히려 에너지 소비를 촉진하여 환경부하가 증가할 수도 있다.

또 ICT의 사용방법에 따라 환경부하가 크게 변동할 수 있다. 예를 들면 페이퍼리스 시스템을 이용하고 있지만 만일의 경우에 대비하여 자신의 자료를 프린트하여 보관하는 등 ICT 도입 전보다 종이 사용량이 더욱 증가하기도 한다. ICT를 활용할 때는 환경부하를 저감할 수 있도록 적정하게 사용하는 것이 중요하다.

[参考文献]

1. 桑野博喜, 山田一郎編 : 未来ねっと技術シリーズ (15) 環境・エネルギー, 第5章, オーム社, 2001
2. 三田, 植田, 松田 : 人工衛星を利用した渡り鳥の追跡と自然環境保護, 電子情報通信学会技術研究報告, SANE, 宇宙・航行エレクトロニクス97 (354), 107~108, 1997
3. 中村, 西, 青木, 矢野, 瀬戸口, 吉田, 紀伊 : IT進展とエネルギー消費に関する分析, 第18回エネルギーシステム・経済・環境コンファレンス講演論文集, p.391~396, 2002
4. 由比藤, 澤田, 西, 吉田 : ICT社会におけるエネルギー消費に関する分析, 電子情報通信学会2006年総合大会講演論文集, p.308, 2006
5. Nakamura J., K. Honjo, H. Tatemichi, T. Tanaka, Y. Ibata, and S. Nishi : Evaluation of Environmental Impact of the Spread of the Information Communications Service in Japan, SETAC Meeting (2003.12)
6. (社) 産業環境管理協会 : 情報通信技術 (ICT) サービスの環境効率事例収集及び算定基準に関する検討成果報告書, p.27~33, p.73~153, 2004
http://www.jemai.or.jp/CACHE/eco-efficiency_details_detailobj906.cfm
7. 総務省 :「ユビキタスネット社会の進展と環境に関する調査研究会」報告書, 2005
http://www.soumu.go.jp/joho_tsusin/policyreports/chousa/yubi_pande/index.html

8. 脱温暖化2050プロジェクトホームページ : http://2050.nies.go.jp/

9. 日本SISプロジェクトホームページ : http://www.japansis.jp/index.html

10. (社) 産業環境管理協会 : 情報通信技術 (ICT) サービスの環境効率事例収集及び算定基準に関する検討成果報告書, p.18~193, 2004
http://www.jemai.or.jp/CACHE/eco-efficiency_details_detailobj906.cfm

2.1 라이프 사이클 어세스먼트란?

2.1.1 개요

라이프 사이클 어세스먼트(LCA)는 ISO14040/JIS Q 14040 시리즈로서 국제규격화된 환경부하 평가방법이며, ICT의 환경부하 평가를 실시하는 경우 원칙적으로 LCA를 기준으로 하는 것이 바람직하다. 우선 본 항목에서는 LCA 실시의 흐름을 개략적으로 살펴보기로 한다. LCA에 관한 자세한 설명은 다른 LCA 매뉴얼[1]을 참고하기 바란다.

ISO14040/JIS Q 14040[2]이 나타내는 바와 같이 LCA의 실시 흐름의 틀은 다음의 세 가지 단계로 구성된다(**그림 2.1.1-1**).

▼ 그림 2.1.1-1
LCA의 구성

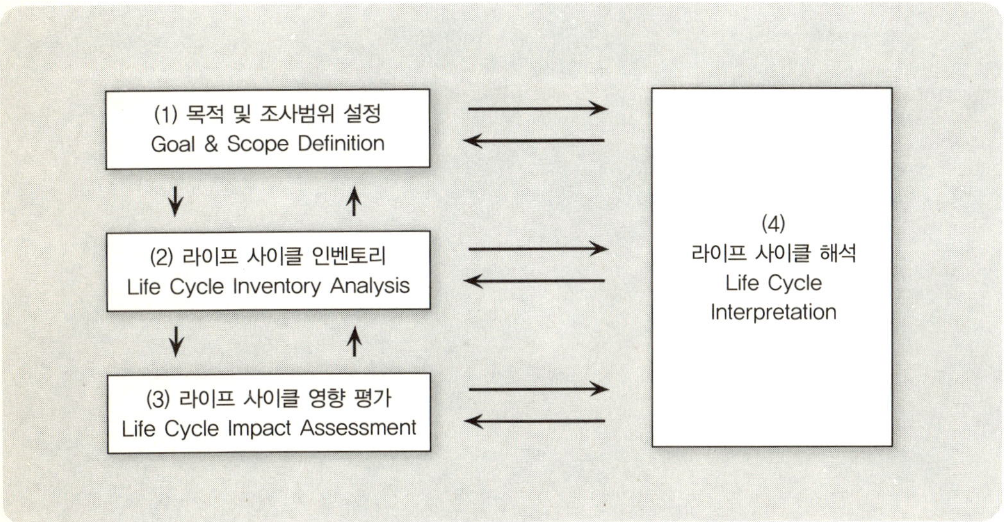

(1) 목적 및 조사범위 설정

'기능 단위'와 '시스템 경계'를 설정한다(자세한 내용은 다음 항목에서 설명한다). LCA는 제품 라이프 사이클의 관점에서 환경부하를 정량화하는

제2장 ICT의 환경부하 평가

2.1 라이프 사이클 어세스먼트란?/2.2 환경부하 계산

2.3 환경부하 비교(비교평가의 원칙과 방법)

제품 및 서비스의 환경부하를 평가하는 방법으로 라이프 사이클 어세스먼트(LCA)가 널리 알려져 있다. LCA의 가장 큰 특징은 제품 및 서비스가 라이프 사이클에 있어서 유발하는 환경부하를 자원채취에서 폐기에 이르기까지 전체적으로 고려하여 평가한다는 것이다. LCA는 ISO14040 시리즈로써 국제규격화되어 있으며, 일본 공업규격(JIS Q 14040 시리즈)으로도 되어 있는 평가방법이다. 따라서 제품과 서비스의 환경부하 평가를 실시하는 경우 원칙적으로 LCA를 기준으로 하는 것이 바람직하다. 본 책에서 대상으로 하는 ICT의 경우도 예외는 아니다.

본 장에서는 LCA를 이용한 ICT의 환경부하 평가에 대해 설명하기로 한다. LCA에 관한 예비 지식이 없는 독자라도 본 장을 한번 훑어 보면 ICT의 환경부하 평가를 계산할 수 있도록 구체적인 사례를 이용하면서 계산방법, 데이터 수집방법, 계산에 이용하는 원단위 예를 나타내었다(2.2절). 이미 LCA를 잘 알고 있는 독자인 경우 ICT에 LCA를 적용할 때의 특유한 항목에 관해 지면의 대부분을 할애하고 있다는 점이 본 책과 다른 LCA 매뉴얼의 차이라는 것을 알 수 있을 것이다.

방법으로, 이는 재료 조달에서부터 생산, 사용, 폐기 · 리사이클에 이르는 라이프 사이클을 의미한다. 조사범위는 라이프 사이클 전체를 대상으로 하는 것이 이상적이지만, LCA 실시의 목적, 데이터의 제약, 데이터 수집 노력 등을 고려하여 조사범위를 설정하게 된다.

LCA를 이용하여 ICT의 환경부하를 평가하는 목적은 기존 시스템과 ICT 시스템을 비교하기 위한 경우가 많다. 이러한 LCA 결과의 비교에 대해서는 2.3절에서 자세하게 설명하겠지만 '기능 단위'를 일치시켜야 한다. 그리고 비교평가의 결과를 일반에게 널리 공개하는 경우(비교 주장)에는 핵심적인 논평이 필요하다고 ISO14040/JIS Q 14040 시리즈에 규정되어 있다.

(2) 라이프 사이클 인벤토리 분석

자원 · 에너지의 투입량과 환경부하 물질의 배출량을 집계한다. 화석연료의 소비량과 CO_2 배출량을 제품 라이프 사이클에 따라 계산하는 단계이다. 라이프 사이클 인벤토리 분석의 방법은 크게 나누어 적상법과 산업연관 분석법이 알려져 있는데, 각각 그 특징이 있다. 데이터 수집방법과 환경부하 원단위 예에 대해서는 2.2절에서 설명하기로 한다. 이용한 환경부하 원단위와 배분의 취급, 결과에 중요한 영향을 주는 프로세스의 데이터 품질 요건 등을 명시하는 것이 중요하다고 할 수 있다.

(3) 라이프 사이클 영향 평가

라이프 사이클 인벤토리 분석의 결과를 토대로 환경영향의 정도를 평가하는 단계이다. 분류화, 특성화 및 통합화의 세 가지 프로세스로 구성된다. 라이프 사이클 인벤토리 분석의 결과를 환경영향 영역(예를 들면 지구온난화)과 관련짓는 '분류화'와 환경영향 영역마다 영향의 정도(예를 들면

지구온난화 영향 : GWP)를 산출하는 '특성화'는 자연과학적인 견해에 기초를 두고 있다. 따라서 주관적인 견해가 포함될 여지가 비교적 적고 투명성을 확보하기 쉽다는 점에서 ISO14040/JIS Q 14040 시리즈에서는 분류화 및 특성화를 라이프 사이클 영향 평가의 필수 요소로 규정하고 있다. 단, 지구온난화 영향 및 오존층 파괴와 같이 비교적 과학적 견해가 축적되어 있으며 국제적으로도 합의가 확보되어 있는 특성화 계수도 존재하지만, 유해 화학물질의 영향 등 과학적 견해가 충분히 확보되지 않은 특성화 계수도 있다는 점에 유의해야 한다.

그리고 특성화 지표를 가중시켜 단일 지표로 통합화함으로써 환경영향 영역 사이에 발생하는 트레이드 오프 관계를 가미한 통합평가가 가능해진다. 통합화는 다른 관점의 환경부하를 상호 비교 · 상대화하며, 사회의 가치관과 선호도에 크게 의존하고 있다. 통합화 지표는 특정 업계에 있어서 유리하게 작용하는 케이스와 반대로 불리하게 작용하는 케이스가 있다고 할 수 있다. 따라서 통합화 지표를 이용해 비교 · 평가하는 경우에는 주의가 필요한데, 일반에게 공개되는 비교 주장에는 통합화를 이용하지 않는 것이 바람직하다고 ISO14040/JIS Q 14040 시리즈에 규정되어 있다.

(4) 라이프 사이클 해석

(1)에서 설정한 목적 및 조사범위와 (2) 라이프 사이클 인벤토리 분석 및 (3) 라이프 사이클 영향 평가와의 정합성을 확인하는 단계이다. 수집한 데이터의 특성 및 품질을 (1)에서 정한 LCA 실시 목적과 일치하는지 확인하고, 더욱 자세한 데이터가 필요한 경우는 데이터를 다시 수집한다. 또 감도분석의 결과를 반영하는 것이 바람직하다.

LCA 결과를 공표하는 경우에는 산출결과뿐만 아니라 이용한 데이터와 전제조건을 명시하여 투명성을 확보하도록 노력해야 한다.

참고로 본 책의 제4장에 ICT 환경부하 평가의 실시 예가 게재되어 있다. 각 사례에서는 앞에서 설명한 LCA의 흐름도에 따라 CO_2 배출량을 산출하고 기능 단위를 일치시켜 비교평가를 실시하고 있다.

2.1.2 기준 일치(기능 단위의 설정)

환경부하를 평가할 때는 무엇을 기준으로 평가했는지 미리 밝히는 것이 중요하다. LCA에 대해 나타낸 ISO14040/JIS Q 14040 시리즈에서는 이 점에 관하여 기능 단위를 확실하게 규정하는 것이라고 표현하고 있다.

기능 단위는 일반적으로 친숙하지 않은 용어지만, 그 정의를 보면 '라이프 사이클 어세스먼트 조사에 있어서 기준 단위로 이용되는 정량화된 제품 시스템의 성능'(ISO/JIS Q 14040 3.5)이라고 되어 있다. 즉, '평가하는 제품의 주요 성능 또는 기능을 일정한 수치 단위로 정량화하여 표현하는 것'[3]으로, 제품이란 제품 시스템 · 서비스 시스템을 포함한 것으로 간주할 수 있다.

자동차나 가전제품과 같이 경계가 명확하게 독립된 하드웨어 제품과는 달리 ICT는 통상 몇 개의 제품을 합친 시스템으로서 시스템 구성이 가변적이다. 따라서 평가대상 범위를 임의로 설정할 수 있기 때문에 환경부하를 평가할 때 평가대상 범위를 명확하게 규정해야 한다. 따라서 ICT의 환경부하 평가에서는 평가대상 ICT의 규모와 범위, 업무량 등을 정량적으로 정의해야 하며, 이를 기능 단위의 설정이라고 한다.

나중에 언급하겠지만, ICT 도입 전후의 환경부하 비교와 같은 경우에는 '시스템의 동등성 확보'가 특히 중요하다. 비교할 두 개의 ICT(예를 들어 어떤 ICT의 도입 전과 도입 후)에 대해 어떤 조건을 갖추었는지, 일정한 조건인지를 명확하게 규정하지 않으면 비교평가의 결과에 대해 두 개의 ICT를 설정한 것이 평가자의 편의에 의한 것이라는 의구심을 들게 할 수 있다.

다음은 기능 단위의 설정 예를 나타낸 것이다.

◎ 예 1 : '인사 · 총무에 대한 신청 · 결제 시스템'에 대한 환경부하 평가의 경우, 다음과 같은 기능 단위 설정을 고려할 수 있다.

- **(1년간) A사에서의 인사 · 총무에 대한 총 신청 · 결제 수 500만 건**

위 예에서는 "인사 · 총무에 대한 신청 · 결제"를 "총 신청 · 결제 수"로 규정하고, 그 양을 연간 500만 건이라고 설정하고 있다. 이에 따라 평가대상 ICT의 규모와 범위, 업무량 등이 규정된다.

◎ 예 2 : '인터넷 쇼핑 시스템'에 대한 환경부하 평가의 경우, 다음과 같은 기능 단위의 설정을 고려할 수 있다.

- **(1년간) 서적 7,000건, 소프트웨어 2,000건 판매**

위 예에서는 "서적 등의 쇼핑"을 "판매량"으로 규정하고, 그 양을 연간 서적 7,000건, 소프트웨어 2,000건으로 설정하고 있다. 이에 따라 기존의 구입방법이 새로운 시스템 도입에 의한 구입방법으로 변경되는 경우와 비교할 때도 평가대상 ICT의 규모와 범위, 업무량 등이 정량적으로 규정된다.

다음은 기능 단위가 정량적으로 규정되어 있지 않기 때문에 평가결과가 애매한 경우의 예를 나타낸 것이다.

◎ 예 3 : '사내용 상품 매뉴얼 작성 · 배포 시스템'에 대한 환경부하 평가의 경우, 다음과 같은 기능 단위를 설정하였다.

- **(종업원 3,000명 이상인 B사의 1년간) 사내용 상품 매뉴얼 작성 · 배포량**

위 예에서는 "종업원 3,000명" 이외에 정량적으로 규정되어 있는 내용이 없고, 연간 "매뉴얼 작성 · 배포량"도 규정되어 있지 않다. 평가대상 ICT의 규모와 범위를 규정하는 조건이 명확하지 않기 때문에, ICT 도입으로 매뉴얼 작성 · 배포량이 변화하더라도 1부당 평균 페이지 수 변경, 배포 부수 변경,

연간 작성 · 배포 매뉴얼 수 변경 등의 여러 가지 요인을 생각하게 된다. 이러한 요인이 ICT 도입 효과에 의한 것인지 B사의 다른 어떤 상황에 의한 것인지 애매하기 때문에 무엇을 평가하고 있는지조차 명확하지 않은 것이다.

따라서 예를 들어 "상품 매뉴얼 작성 · 배포"를 "1부당 평균 400페이지의 상품 매뉴얼을 한 종류당 200부씩 작성하여 연간 80종류를 작성한다" 등의 식으로 설정한다. 그러면 ICT의 윤곽(규모와 범위, 업무량 등)이 결정되고, ICT 도입으로 전자배부 등을 이용함으로써 종이 배포가 줄었는지 매뉴얼 운송량이 감소했는지 등의 효과를 표현할 수 있게 된다.

또 "ICT 도입으로 업무효율화가 높아져 연간 80종류의 매뉴얼을 작성 · 배포하던 것이 120종류까지 가능하게 되었다"와 같이 80종류의 매뉴얼 작성 · 배포에 주목하여 평가함으로써 ICT 도입 효과가 명확해진다(업무효율이 높아져 매뉴얼의 작성 · 배포 종류 수가 증가한 부분까지 평가하려면 뒤에 설명할 환경효율, 팩터를 참조할 것).

이와 같이 기능 단위 설정에 대해서는 평가목적과 평가범위와의 정합성을 도모하고 공정성, 안전성, 정확성에 유의하면서 규정해야 한다.

또 앞에서 설명한 바와 같이 고객 입장에서는 ICT 도입에 의한 환경부하의 변화(효과)를 1년을 기준으로 파악해 달라고 요청할 수 있기 때문에 통상 '1년당 활동량'으로 기능 단위를 정하는 경우가 많다. 그러나 제조, 폐기 · 리사이클 등에 의해 유발되는 환경부하에 있어 제품 수명이 1년과 일치하지 않는 경우가 많으므로, 통상 사용연수와 법정 내용연수로 나누는(배분하는) 처리를 거치게 된다.

2.1.3 ICT의 라이프 사이클과 시스템 경계를 설정

ICT의 환경부하 평가, LCA를 실시하는 데 있어 평가대상의 ICT와 비교대상의 기준을 일치시키고 기능 단위를 정했다면, 다음으로 시스템 경계를 정하고 ICT의 라이프 사이클 범위를 결정한다. 그리고 시스템 경계 안에 있는 어떤 프로세스에 대해 데이터를 수집할 것인지 결정한다. 여기서 '시스템 경계란 무엇인가?' 에 대해 지금부터 설명하기로 한다.

일반적으로 제품 · 서비스의 라이프 사이클은 대단히 복잡하며, 다른 제품 및 서비스와 상호 연결되어 있다. 예를 들어 PC의 경우, PC 케이스에 사용되고 있는 플라스틱은 나프타 등의 석유제품으로 만들어져 있으며, 이것은 또 원유로 만들어지는 식으로 거슬러 올라갈 수 있다. 한편 원유에서는 휘발유, 경유, 중유, 아스팔트 등 여러 가지 석유제품이 동시에 제조되고 있다. 즉, PC의 라이프 사이클을 추적해 보면 자동차용 휘발유와 포장용 아스팔트에까지 이르게 된다. 이러한 경우를 피하기 위해서는 PC의 라이프 사이클에 경계를 그어 라이프 사이클의 범위를 명확히 해야 한다. 이를 시스템 경계의 설정이라고 한다.

또 결정된 라이프 사이클의 범위 중에는 방대한 숫자의 단위 프로세스가 있는데, 모든 단위 프로세스에 있어서 재료 · 에너지 등의 입출력을 정량적으로 파악하는 것이 바람직하다. 그러나 모든 단위 프로세스를 조사하는 것은 사실상 불가능하며, 또한 그럴 필요도 없다. 예를 들면 PC 타입 등이 기재되어 있는 명판 제조 등 전체적인 결과에 큰 영향을 끼치지 않는 단위 프로세스는 객관적인 판단기준을 정하고 그에 따라 생략할 수 있다.

본 절에서는 ICT의 전형적인 라이프 사이클 단계와 각 라이프 사이클 단계나 단위 프로세스에서 고려해야 하는 재료 · 에너지 소비 등의 활동에 대해 설명하기로 한다.

(1) ICT의 라이프 사이클 단계 결정

일반적으로 ICT는 하드웨어, 예를 들면 PC, 서버 등의 컴퓨터 기기,

라우터 등의 네트워크 기기를 비롯하여 하드웨어의 실행순서를 규정하는 소프트웨어로 이루어져 있다. 즉, 이러한 하드웨어와 소프트웨어로 이루어지는 서비스로 구성되어 있다.

따라서 ICT의 라이프 사이클 단계는 LCA의 대상이 되는 일반적인 제품보다 복잡한 구성을 가지고 있다고 할 수 있다.

▼ **그림 2.1.3-1 ICT의 라이프 사이클 단계에 대한 예**

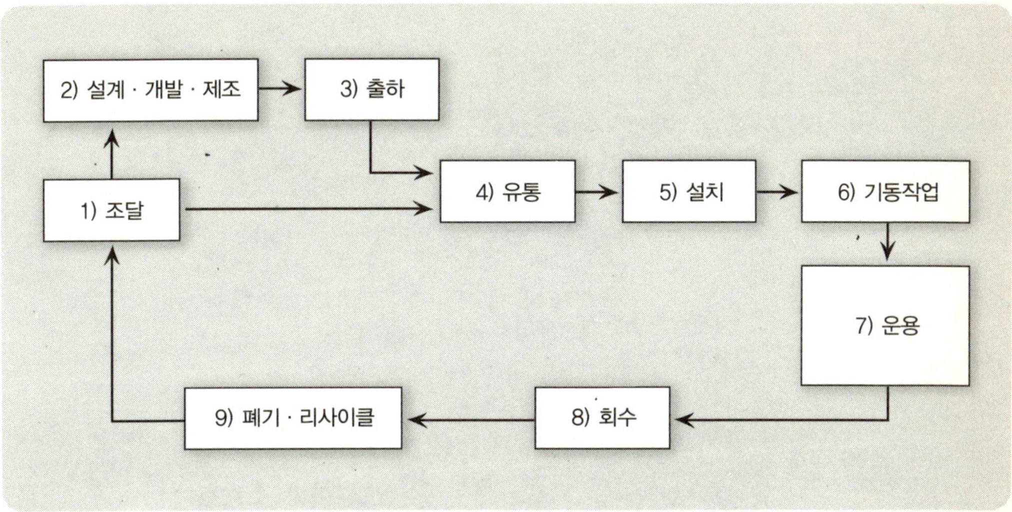

그림 2.1.3-1은 ICT의 라이프 사이클 단계에 대한 한 예를 나타낸 것이다.

전형적인 ICT의 라이프 사이클 단계는 1) 조달, 2) 설계 · 개발 · 제조, 3) 출하, 4) 유통, 5) 설치, 6) 기동작업, 7) 운용, 8) 회수, 9) 폐기 · 리사이클로 이루어진다

1) 조달단계

시스템 인티그레이션(SI)의 외부 조달 등 외부에서 ICT 시스템을 구성하는 하드웨어, 소프트웨어, 기타 재료를 조달하는 단계이다. 하드웨어, 소프트웨어, 기타 재료의 라이프 사이클 단계도 포함한다. 예를 들어 하드

웨어에는 타기업 등에서 생산한 PC, 서버 등의 컴퓨터 기기, 라우터 등의 네트워크 기기 등이, 소프트웨어에는 타기업 등에서 생산한 오퍼레이팅 시스템(OS), 미들웨어, 애플리케이션 게이지 등이, 기타 재료에는 하드웨어, 소프트웨어의 포장재와 매뉴얼 종이, 부속품 등이 포함된다. 조달단계에서 조달된 물자 가운데 자사 생산 부품 · 재료 등에 이용되는 것은 2) 설계 · 개발 · 제조단계로 도입되며, 그대로 고객에게 제공되는 것은 4) 유통단계에 투입된다.

2) 설계 · 개발 · 제조단계

자사 하드웨어 공장에서 하드웨어를 설계 · 개발 · 제조하거나 자사 소프트웨어 개발거점에서 하드웨어를 설계 · 개발 · 제조하는 단계이다. 설계 · 개발 · 제조단계에서 제조된 하드웨어, 소프트웨어는 3) 출하단계로 투입된다.

3) 출하단계

자사 하드웨어 공장에서 제조된 하드웨어와 소프트웨어 개발거점에서 개발된 소프트웨어를 고객에게 출하하기 위한 작업을 실시하는 단계이다. 하드웨어의 포장과 매뉴얼류 정비, 기록매체에 대한 소프트웨어 저장 및 포장, 매뉴얼류의 정비 등이 해당된다. 출하단계에 의해 출하된 최종 제품은 4) 유통단계로 넘어간다.

4) 유통단계

자사 제품인 하드웨어, 소프트웨어를 고객에게 납품하기까지의 단계이다. 일반적으로 이 과정은 자사 생산공장에서 도매업자, 소매업자를 거쳐 고객에게 이르는 운송과정을 말한다. 또 외부 조달품이 타기업에서 고객에게 직접 납품되는 경우의 운송과정도 포함된다. 넓은 의미에서는 운송과정뿐만 아니라 도매업자, 소매업자의 창고에서 이루어지는 제품 보관

등 출하에서 고객 납품에 이르기까지의 모든 과정이 포함된다. 유통단계에서 고객에게 운송된 제품은 5) 설치단계로 투입된다.

참고로 부품 · 재료의 운송과 설치, 기동작업에 수반되는 운송 등 단계 내에서나 단계 사이에서 발생하는 운송이 있는데, 이들을 각각의 단계에 포함시키거나 유통단계에 포함시켜도 무방하다.

5) 설치단계

유통단계를 통해 고객에게 운송된 제품이 고객 앞에 설치되고 사용 가능한 상태가 될 때까지의 단계이다. 즉, 설치단계에서는 고객 앞에서 하드웨어를 설치하거나 전원 등을 접속하는 등 하드웨어가 가동될 때까지 일련의 과정이 진행된다. 설치단계에서 가동된 하드웨어는 6) 기동작업 단계에서 작업이 더욱 진행된다.

6) 기동작업 단계

사용 가능한 상태의 하드웨어를 사용자가 운용할 수 있도록 만드는 단계이다. 즉, 하드웨어에 소프트웨어를 설치하고 현지 조정과 동작시험을 실시할 때까지의 과정이다. 기동작업 단계에서 사용자가 운용할 수 있게 조작된 소프트웨어가 하드웨어에 설치된 ICT 시스템은 7) 운용단계에서 운용된다.

7) 운용단계

운용 가능한 상태의 ICT 시스템을 사용자가 실제로 운용하여 그 기능을 발휘하는 단계이다. 이 단계에는 ICT 시스템의 운용에 있어서 하드웨어가 소비하는 전기뿐만 아니라 프린터용 정보지와 토너 카트리지, CD와 DVD 등의 정보매체 사용(제조에서 폐기까지의 라이프 사이클에 대한 환경부하를 포함)도 포함된다. 그리고 하드웨어의 유지 · 보수, 소프트웨어의 버전업 등과 같은 보수와 ICT 시스템에 문제점이나 고장이 발생한 경우의 수리과정도 포함된다. 운용단계에서 운용을 마친 ICT 시스템은 8) 회수단계를 통해 고객으로부터 회수된다.

일반적으로 운용단계는 ICT의 라이프 사이클 전체에서 차지하는 환경부하 비율이 커지는 경우가 많으므로 ICT의 LCA에 있어서 중요한 단계라고 할 수 있다. 운용기간과 하드웨어의 소비전력 등 운용조건을 자세히 파악하여 운용단계의 환경부하를 정확하게 평가해야 한다.

8) 회수단계

고객이 운용을 끝낸 하드웨어와 소프트웨어를 기록한 정보매체 등의 폐제품을 리사이클 공장에 보내기까지의 단계이다. 하드웨어 철거 및 고객으로부터 리사이클 공장까지 제조회사나 중간처리업자를 통해 운송되는 과정을 포함한다. 회수단계에서 회수된 사용이 끝난 제품은 9) 폐기 · 리사이클 단계에서 처분된다.

9) 폐기 · 리사이클 단계

고객으로부터 회수해 리사이클 공장으로 운송된 폐제품은 해체, 분별, 절단 등의 중간처리를 거쳐 부품이나 재료를 리사이클하게 된다. 소각처리에 의한 감량화 및 에너지 회수, 그리고 최종 처리장 매립처리 등의 과정이 포함된 단계이다. ICT 시스템을 구성하는 하드웨어는 이로써 라이프 사이클을 마치게 되지만, 부품 · 재료 리사이클에 의해 재생된 부품 · 재료는 다시 1) 조달단계에 투입되어 재사용되는 경우도 있다.

(2) 각 라이프 사이클 단계에서 고려해야 하는 활동을 결정

지금까지 설명한 ICT의 라이프 사이클 단계에서 개인, 기업, 사회 차원의 여러 가지 활동이 실시된다. 이와 같은 활동 가운데 특히 재료, 에너지 등의 투입, 배출과 관계가 깊고, ICT의 LCA 결과에 중대한 영향을 미

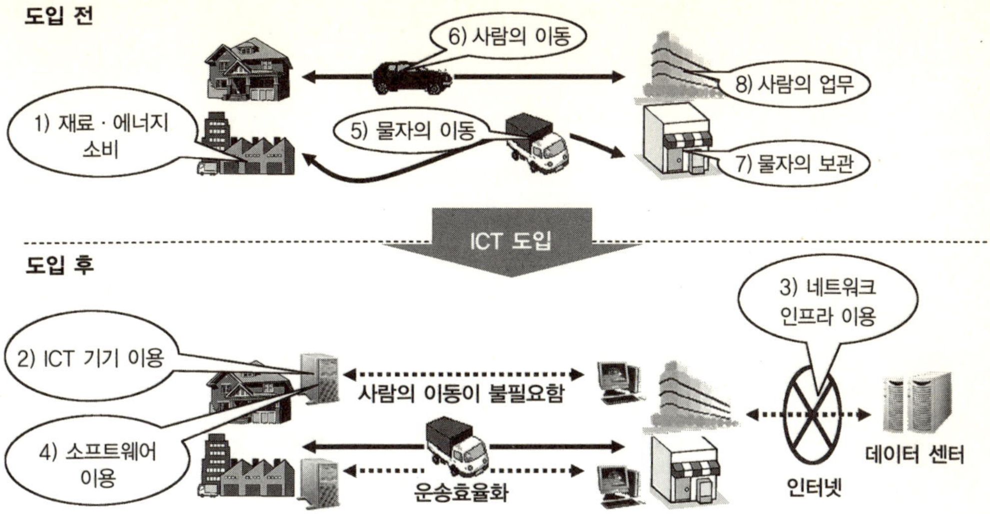

▲ 그림 2.1.3-2 ICT의 LCA에서 고려해야 하는 활동의 예

칠 가능성이 있는 내용은 평가대상으로서 반드시 고려해야 한다.

그림 2.1.3-2는 ICT의 LCA에서 고려해야 하는 하나의 활동 예를 나타낸 것이다. 평가대상 활동은 1) 재료 · 에너지 소비, 2) ICT 기기 이용, 3) 네트워크 인프라 이용, 4) 소프트웨어 이용, 5) 물자의 이동, 6) 사람의 이동, 7) 물자의 보관, 8) 사람의 업무 등이다.

1) 재료 · 에너지 소비

2)부터 8)까지의 항목은 제품, 부품, 재료나 에너지의 투입, 배출, 폐기물의 배출을 수반하는 활동 가운데 ICT에 있어서 특히 고려해야 하는 항목이다. 그 밖의 내용은 본 항목에 해당한다.

ICT의 각 단계에 있어서는 구체적으로 다음과 같은 활동의 라이프 사이클에 대한 환경부하를 고려해야 한다.

a. 정보지의 사용 : 사무실 등에서 서류 인쇄에 사용하는 종이의 사용을 말한다. 정보지의 절감을 목적으로 하는 ICT의 수가 많기 때문에 정보지의 사용은 반드시 고려해야 하는 항목이다.

b. 정보매체의 사용 : CD, DVD, FD 등 정보기록 매체의 사용을 말한다. 스토리지를 활용하여 정보매체의 절감을 도모하는 ICT 등에서는 중요한 항목이다.

c. 프린터 카트리지의 사용 : 잉크, 토너, 드럼 등 교환용 카트리지의 사용을 말한다. ICT에 의해 정보지 사용이 줄어든다면 그에 따른 프린터 카트리지의 사용도 감소되는 경우가 많다.

d. 물, 압축공기 등의 유틸리티 사용 : 인터넷 데이터 센터와 공장에서 공조나 동력 등을 위해 물과 압축공기 등의 유틸리티가 사용된다.

e. 휘발유나 중유 등의 연료와 전기의 사용 : 인터넷 데이터 센터와 공장을 가동할 때 사용하는 연료, 전기의 사용을 고려한다.

2) ICT 기기 이용

PC, 프린터 등의 ICT 기기를 이용하는 활동을 말한다. 평가대상의 ICT 시스템을 구성하는 기기에 대해서는 앞에서 설명한 바와 같이 ICT 각각의 라이프 사이클 단계에서 평가한다.

예를 들어 운용의 라이프 사이클 단계에 있어서는 ICT 기기에 의한 전기 사용을 고려한다.

3) 네트워크 인프라 이용

네트워크 인프라를 구성하는 설비를 이용하는 활동을 말한다. 여기서 네트워크 인프라란 전화 서비스, 인터넷 접속 서비스(ISP 서비스), 데이터 센터에 의한 스토리지 제공 서비스 등 평가대상 ICT가 이용하는 ICT 관련 서비스를 제공하는 설비를 말한다. 이들 설비의 제조에서 폐기까지 전 라이프 사이클을 고려한다.

4) 소프트웨어 이용

소프트웨어를 설계 · 개발 · 이용하는 일련의 활동을 말한다. 여기서 소프트웨어란 개별 소프트웨어, 업무 패키지, 미들웨어, 오퍼레이팅 시스템(OS) 등을 말한다. 평가대상의 ICT 시스템을 구성하는 소프트웨어에 대해서는 앞에서 설명한 바와 같이 ICT의 각 라이프 사이클 단계에서 평가한다. 예를 들어 제조 · 개발 · 설계의 라이프 사이클 단계에서는 소프트웨어의 설계 · 개발에 따르는 전기와 정보지의 사용을 고려한다.

5) 물자의 이동

제품이나 부품, 재료 등을 운송하는 활동을 말한다. 운송에 따른 휘발유, 경유 등의 소비뿐만 아니라 운송에서 사용되는 하역대나 부자재 등의 사용도 고려한다.

6) 사람의 이동

고객과 종업원 등이 각종 교통기관을 이용하여 이동하는 활동을 말한다. 자가용 자동차에 의한 휘발유 소비, 전동차에 의한 전기 소비, 버스에 의한 경유의 소비 등을 들 수 있다.

7) 물자의 보관

제품이나 부품, 재료 등을 창고 등에서 보관하는 활동을 말한다. 일반적으로 창고에서는 보관을 위해 공조, 조명이 사용되므로 창고 보관에는 일정한 에너지 소비가 따른다.

8) 사람의 업무

고객이나 종업원 등이 사무실을 이용하여 업무를 보는 활동을 말한다. 창고와 마찬가지로 일반적으로 사무실에서는 공조, 조명이 사용되므로 사무실 이용에는 일정한 에너지 소비가 따르게 된다.

지금까지 설명했던 활동과 ICT의 라이프 사이클 단계는 **표 2.1.3-1**과 같이 매트릭스 관계에 있다. 즉, 각 라이프 사이클 단계에서 각각의 활동을 고려하여 평가함으로써 ICT의 LCA가 완성되는 것이다.

표 2.1.3-1 라이프 사이클 단계와 고려해야 할 활동의 단계

라이프 사이클 단계 / 활동	1) 조달	2) 설계 · 개발 · 제조	3) 출하	4) 유통	5) 설치	6) 기동 작업	7) 운용	8) 회수	9) 폐기 · 리사이클
1) 재료 · 에너지 소비									
2) ICT 기기 이용									
3) 네트워크 인프라 이용									
4) 소프트웨어 이용									
5) 물자의 이동									
6) 사람의 이동									
7) 물자의 보관									
8) 사람의 업무									

2.1.4 ICT의 LCA를 실시할 때 직면하는 특이사항 1 : 네트워크 인프라의 환경부하

(1) 네트워크 인프라란?

1.6절에서 설명한 바와 같이 ICT는 일반적으로 **그림 2.1.4-1**에 나타낸 네트워크 인프라, 정보 유통 플랫폼, 애플리케이션의 계층구조 하에 제공되고 있다.

▶ **그림 2.1.4-1**
ICT의 계층구조[4]

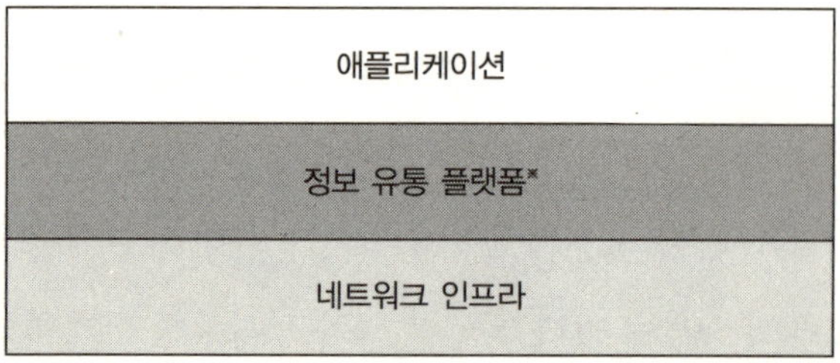

* 여러 가지 애플리케이션에 공통된 각종 미들웨어로 이루어지는 계층

여기서 '네트워크 인프라' 층은 ICT를 제공하기 위한 기반이며 물리적인 층이다. '정보 유통 플랫폼' 층은 네트워크 인프라와 애플리케이션을 잇는 중간층이며, '애플리케이션' 층은 ICT의 개별 사례가 해당되는 층이다. 애플리케이션은 기반이 되는 하층단계인 네트워크 인프라를 바탕으로 이루어져 있다.

(2) 네트워크 인프라를 환경부하 평가의 대상으로 하는 목적

ICT는 산업과 생활을 효율화시키는 등 가치의 창조 · 향상에 기여하지만, 한편으로는 ICT 기기의 제조 · 사용 · 폐기, 네트워크 인프라의 제조 · 운용 · 폐기에 있어서 자원이나 에너지를 소비하여 환경부하를 증가시키는 측면도 있다. 따라서 ICT의 환경부하 평가를 실시할 때는 네트워크 인프라를 구성하는 통신설비의 환경부하를 고려해야 한다.

(3) 네트워크 인프라의 평가방법

네트워크 인프라의 환경부하는 적상법에 의한 평가가 바람직하다. 적상법에 의한 평가가 불가능한 경우는 각종 통계자료 등을 이용하여 정보량당 환경부하 등을 거시적으로 평가하는 방법도 가능하다.

1) 네트워크 인프라의 기준(기능 단위)

네트워크 인프라의 환경부하를 평가하기 위한 기준(기능 단위)을 설정해야 한다. 다음과 같은 순서로 기능 단위를 설정하고, 2.1.2에서 자세히 설명한 바와 같이 ICT의 환경부하를 평가할 때의 기준(기능 단위)과 일치하도록 한다.

a. 네트워크 인프라의 환경부하 평가로서 기능 단위를 설정한다. 여기서는 정보통신 회선 1회선당 1년간의 환경부하 L_{NW}를 기능 단위로 한다.

해설 1 : 네트워크 인프라는 다수의 통신설비로 구성되어 있으며, 각각의 통신설비는 설치와 철거 시기가 같지 않으므로 네트워크 인프라의 개시 시기를 특정하는 것이 어렵다. 따라서 다수의 통신설비가 존재하는 가운데 L_{NW}를 계산하기 위해서는 해당하는 각 통신설비의 환경부하를 각각의 법정 내용연수로 나누어 1년당 환경부하로 환산해야 한다.

b. 다음으로 기능 단위당 네트워크 인프라의 환경부하를 ICT의 환경부하 평가에서 설정하는 기능 단위로 표시한다. 예를 들어 정보통신 2회선을 이용한 ICT의 1년간 환경부하는 $L_{NW} \times 2$에 해당한다.

2) 네트워크 인프라의 라이프 사이클 단계

라이프 사이클 단계는 제조, 부설, 사용, 철거, 폐기 · 리사이클로 이루어진다.

3) 네트워크 인프라의 분류와 기본 가산칙

① 네트워크 인프라의 분류

네트워크 인프라는 현재 다음과 같은 통신망으로 구성되어 있다.

- 고정망
- IP망(IP 통신 전용 네트워크)
- 이동체망

각각의 통신망은 가입자 설비(단말기기, 종단장치와 보안기 등), 액세스 설비(전주, 관로, 가입자 교환 설비, 국내 모뎀, 기타국 등), 중계설비(라우터, 전송장치 등)로 구성된다. **그림 2.1.4-2**는 네트워크 인프라를 구성하는 통신설비의 대표적인 예를 나타낸 것이다.

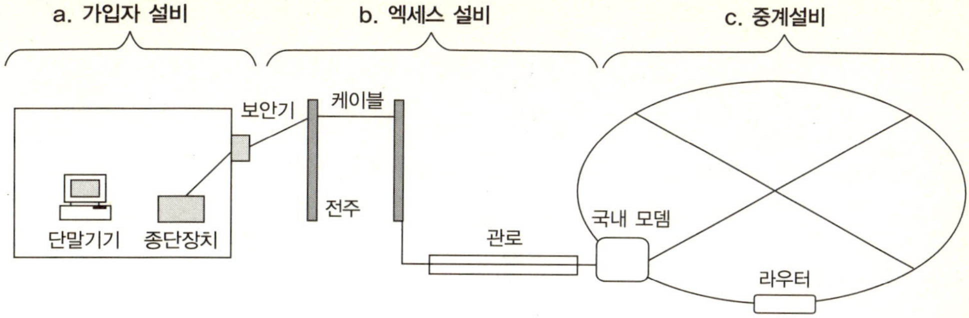

▲ 그림 2.1.4-2 네트워크 인프라를 구성하는 통신설비 예

② 기본 가산칙

네트워크 인프라를 평가할 때의 해당 망의 환경부하는 해당 ICT에서 이용하는 통신망(a~c)을 구성하는 통신설비에 대해 ①에서 나타낸 방법으로 산출한 1년간의 환경부하에 대한 합을 구하여 산출한다.

4) 배분 등의 방식

그림 2.1.4-3에 나타낸 바와 같이 ICT를 기능하게 하는 애플리케이션은 다양하게 존재한다. ICT를 기능하게 하는 애플리케이션에 대한 네트워크 인프라의 환경부하를 평가하기 위해서는 모든 애플리케이션 중에서 해당 애플리케이션만큼만 배분해야 하지만, 모든 애플리케이션의 수와 규모를 파악하는 것은 불가능하다. 따라서 다음과 같은 방식으로 산출한다. 단위 통신시간당 또는 단위 정보량에 해당하는 네트워크 인프라의 환경부하를 산출하고 ICT에서 이용하는 애플리케이션의 통신시간 또는 정보량

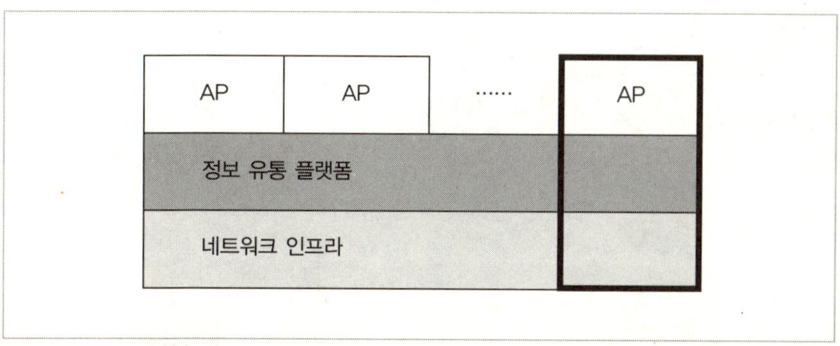

◀ 그림 2.1.4-3 애플리케이션의 기능구조[4]

을 곱하여 ICT에 해당하는 네트워크 인프라의 환경부하를 산출한다.

① 통신방식에 의한 산정방식

a. 회선교환방식 : 교환기에 의한 전화와 같이 통신 개시부터 종료까지 회선을 확보(점유)하여 통신하는 방식이다(**그림 2.1.4-4**). 통신하고 있는 동안은 회선을 점유하고 있기 때문에 통신시간당으로 평가한다.

▶ 그림 2.1.4-4
회선교환방식

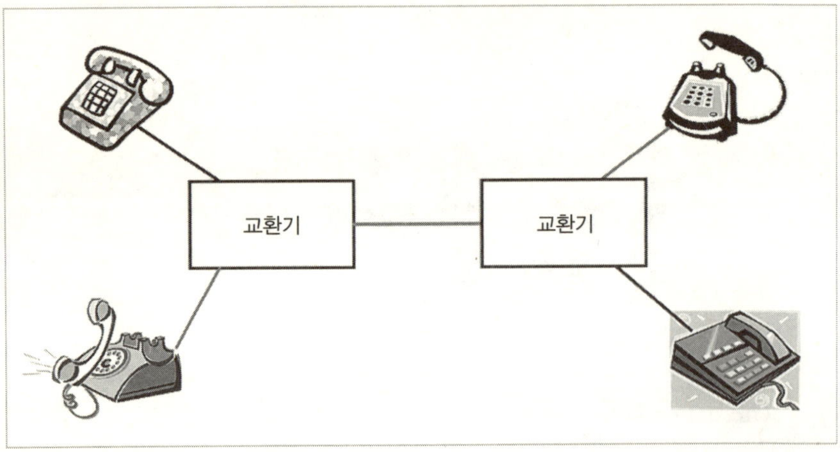

b. 패킷 통신방식 : IP 통신 등과 같이 정보를 패킷 단위로 분할하여 정보를 교환하는 통신방식이다(**그림 2.1.4-5**). 같은 통신선에서 여러 곳으로 정보를 전달하기 때문에 정보량당 평가를 실시한다.

▶ 그림 2.1.4-5
패킷 통신방식

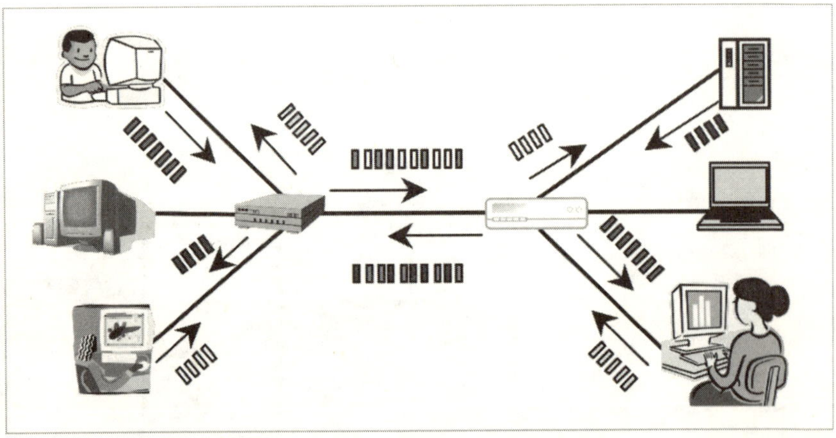

② 네트워크 인프라의 분류에 의한 산정방식

a. 가입자 설비(**그림 2.1.4-2**)는 이용상황에 맞추어 설비의 환경부하를 평가하고, 해당 ICT의 정보통신 이용분에 대한 환경부하를 통신시간 또는 정보량으로 배분하여 평가한다(통신시간으로 할지, 정보량으로 할지에 대해서는 ①의 통신방식에 의해 결정된다).

해설 2 : 가입사 설비(단말기기)의 환경부하 산출식(예)

가입자 설비의 단말기기 중 하나인 PC를 예로 들면,

[PC 1대의 1년당 환경부하(kg-CO_2/대/년)]

x [이용대수(대)]

x [해당 ICT 서비스 이용시간(시간/회)]

x [해당 ICT 서비스 이용빈도(회/년)]

÷ [다른 서비스도 포함된 총 이용시간(시간/년)]

과 같다(환경부하 항목이 이산화탄소(CO_2)인 경우).

b. 액세스 설비(**그림 2.1.4-2**)는 그 이용 유 · 무에 관계없이 가입자가 항상 설비를 점유하고 있기 때문에 이용상황(예를 들어 가입자 수 등으로 나누어 가입자당으로 산출하는 등)에 관계없이 일정한 환경부하로서 평가한다. 그리고 여러 목적으로 이용하는 경우는 평가대상의 ICT에 해당하는 만큼 환경부하를 배분한다.

c. 중계설비(**그림 2.1.4-2**)는 액세스 설비와 달리 이용하고 있을 때만 설비를 점유하므로, 이용한 통신시간 또는 정보량으로 배분하여 평가한다(통신시간으로 할지, 정보량으로 할지에 대해서는 ①의 통신방식에 의해 결정된다).

d. 중계설비는 트래픽 상황에 맞게 가동률을 고려할 수 있다.

2.1.5 ICT의 LCA를 실시할 때 직면하는 특이사항 2 : 소프트웨어의 환경부하

(1) 소프트웨어의 환경부하란?

'소프트웨어의 환경부하'란 소프트웨어의 설계 · 개발 · 유지보수를 위해 투자한 에너지와 자원 등의 환경부하를 말한다. 다음은 각 단계에서 구하는 환경부하에 대해 나타낸 것이다.

1) 조달

조달된 소프트웨어의 환경부하를 구한다. 단, 통상적으로 제공자가 개발이나 유지보수 시의 환경부하를 공개하지 않는 경우가 많으므로 가격이나 단계 수 등의 규모에서 유추하도록 한다. 2)에서 계산의 대상으로 하는 소프트웨어의 전용 기기와 설비를 조달하는 경우는 여기서 계산한다.

2) 설계 · 개발 · 제조

자체 설계 · 개발 · 제조하는 소프트웨어의 환경부하를 구한다. 개발 기간에 사용한 총 에너지, 소모품 등으로부터 구한다. 에너지에는 개발에 직접 관계되는 컴퓨터와 통신기기의 전력사용량, 공조 · 조명의 에너지, 통근이나 이동 시의 에너지 등이 포함된다. 소모품은 소프트웨어 개발에 따라 작성되는 문서의 종이를 시작으로 프린터 · 토너 등의 소모품 일체를 포함한다.

3) 유통 · 설치 · 기동작업

유통 · 설치 · 기동작업에서 소프트웨어를 위해 소비하는 에너지와 자원을 계산한다.

4) 운용

소프트웨어의 유지보수에 따른 환경부하를 계산한다. 소프트웨어의 유지보수에는 불량 수정 정도인 일시적이면서 소규모인 것부터 장기적으로 기능확장을 계속하여 2)와 같거나 그 이상의 부하에 이르는 경우도 있다. 계산대상은 2)와 같다. 조달된 소프트웨어의 유지보수에 따른 환경부하는 1)에 포함시킨다.

5) 회수 · 폐기 · 리사이클

소프트웨어의 회수 · 폐기 · 리사이클에 관계되는 환경부하는 예를 들어 '삭제작업' 정도이므로 무시해도 좋다. 소프트웨어 자체는 아니지만 부수적으로 데이터를 삭제하기 위해 HDD를 물리적으로 부수는 경우일지라도 'ICT 기기 이용'으로 계산되므로 소프트웨어로는 계산하지 않는다.

(2) 시스템 전체에 대한 소프트웨어의 환경부하를 구하는 방법

한 가지 시스템 안에는 여러 종류의 소프트웨어가 함께 존재하고 있다. 그 하나하나에 대한 소프트웨어의 환경부하를 (1)에서 설명한 방법으로 계산하여 합산한다.

소프트웨어는 기존 제품을 도입하는 경우(A), 해당 시스템 전용으로 개발하는 경우(B), 기존 제품을 일부 개조하여 사용하는 경우(C)가 있다.

표 2.1.5-1은 각각의 소프트웨어와 (1)에서 설명한 계산과의 관계를 나타낸 것이다.

(3) '조달'하는 소프트웨어의 환경부하 산출방식

1) OS를 포함하여 '기존 제품'의 소프트웨어를 사용하는 경우

$1/n$, 즉 '설계 · 개발 · 제조 · 판매 · 유지보수'에서 구한 전체의 환경부하를 출하 수로 나눈 값이 해당 시스템의 환경부하에 해당한다.

표 2.1.5-1 종류별 소프트웨어의 환경부하를 구하는 방법

	라이프 사이클 단계	(A) 기존 제품	(B) 시스템 전용으로 개발	(C) 일부 개조
1	조달	제공원으로부터 구하거나 규모로부터 유추	좌측과 동일	모체의 환경부하를 제공원으로부터 구하거나 규모로부터 유추한다.
2	설계 · 개발 · 제조	해당 없음	자체 설계 · 개발 · 제조용에 투자한 에너지, 자원 등으로부터 환경부하를 계산한다.	자체 개조용에 투자한 에너지, 자원 등으로부터 환경부하를 계산한다.
3	유통 · 설치 · 기동작업	초기 설정에 필요한 에너지와 자원이 해당되지만, 무시할 수 있는 양이므로 계산하지 않는다.		
4	운용(유지보수)	제공원에서 구하거나 규모로부터 유추	자체 설계 · 개발 · 제조용에 투자한 에너지, 자원 등으로부터 환경부하를 계산한다.	자체 개조용에 투자한 에너지, 자원 등으로부터 환경부하를 계산한다.
5	회수 · 폐기 · 리사이클	무시할 수 있는 양이므로 계산하지 않는다.		

한편 실제로는 해당 시스템을 사용하거나 사용하지 않아도 기존 제품의 환경부하는 발생하게 된다. 그렇다면 해당 시스템에서 발생하는 고유의 환경부하, 예를 들어 해당 시스템의 도입이 확정될 때까지의 수고, 판매점으로부터 해당 시스템을 설치할 장소까지의 운송에 대한 환경부하를 계산하는 것이 타당한 것일까. 이와 같이 모든 시스템에서 기존 제품에 대한 소프트웨어의 환경부하를 제외한다면, 기존 제품에 대한 소프트웨어의 환경부하는 어디에도 추가되지 않는다. 한편, 분모(출하 수)가 매우 많은 기존 제품 소프트웨어인 경우, 한 개의 시스템당 환경부하는 무시할 수 있을 정도로 작다. 따라서 여기서는 평가대상 시스템 안에서 동일 소프트웨어를 많이 사용하는 경우나 또는 출하대수가 적은 경우에 계산하도록 한다.

2) 해당 시스템 '고유'의 소프트웨어를 조달하는 경우

해당 시스템 고유의 소프트웨어는 환경부하 계산에 그대로 더한다.

3) '조달'할 소프트웨어의 환경부하 계산법

제공원으로부터 입수 가능한 경우는 그 값을 이용한다. 제공원으로부

터 환경부하를 구할 수 없는 경우는 편의적으로 환산한다. 예를 들어 판매가격이 이에 해당한다. 판매가격은 제조 시의 환경부하에 정비례한다고 할 수 없지만, 대체로 상관관계가 있다.

(4) 자체 설계 · 개발 · 제조 · 유지보수하는 소프트웨어의 환경부하 계산법

1) 계산범위

소프트웨어의 라이프 사이클은 통상적으로 시장조사(요구요건의 조사 · 검토), 기능요건의 정의, 설계, 제조, 조사, 가동조건 설정, 운용, 유지보수의 순서를 거치게 된다.

2) 계산 예

여기서는 **표 2.1.5-1**의 2-(B)의 부분을 계산하는 방법에 대해 설명한다.

일본에서 생산되는 소프트웨어의 공수와 공기의 평균은 **표 2.1.5-2**와 같이 4,557명 · 시간, 6.1개월이다.

표 2.1.5-2 계산에 사용한 원단위 등

부하의 항목	원단위 등	출전
소프트웨어 개발 공수	4,557명 · 시간	소프트웨어 · 엔지니어링 센터-저작 · 감수 : 소프트웨어 개발 데이터 백서 2005. (독)정보처리추진기구[5]
1개월의 노동시간	165시간/명	
공기	6.1개월	
사무실 공간	76.0kg-CO_2/m^2/년	표 2.2.2-2
한 사람당 작업공간	13.1m^2/명	

해당 소프트웨어의 설계 · 개발 · 제조에 의해 발생하는 환경부하는 통상의 사무실 공간에서 발생하는 CO_2 양과 같다고 가정하고 구한다.

1개월의 노동시간이 165시간/명이라는 것은 4,557명 · 시간이 약 27.62명 · 월이라는 의미이다. 또 공기 6.1개월이라는 것은 월평균 약 4.53명이 종사했다는 것을 의미한다. 따라서

$$(4.53명 \times 13.1m^2/명) \times 76.0kg\text{-}CO_2/m^2/년 \times (6.1개월/12개월) \fallingdotseq 2{,}293kg\text{-}CO_2$$

와 같다.

2.1.6 ICT의 LCA를 실시할 때 직면하는 특이사항 3 : 물자 · 사람의 이동, 물자의 보관과 사람의 업무에 대한 환경부하

(1) 물자의 이동과 사람의 이동

ICT는 물류와 교통에 관계된 환경부하를 저감시킬 수 있는 잠재성을 가지고 있다.

'물자의 이동', '사람의 이동'은 물자나 사람의 여러 가지 운송수단의 라이프 사이클에 관계된 활동, 특히 운송수단에 필요한 재료(하역대와 부자재 등을 포함한다)와 에너지에 관계된 활동이라고 정의되어 있다. 이 운송수단에는 다음과 같은 공공 교통기관이 포함된다.

a. 철도(기차, 지하철, 신 교통시스템, 모노레일, 리니어 모터카 등)
b. 버스
c. 배
d. 항공기
e. 자동차(택시, 트럭을 포함)

상기의 수단마다 운송량(또는 이용 인원수)과 운송거리를 기준으로 환경부하를 산출할 수 있다(2.2 '환경부하 계산'을 참조).

(2) 물자의 보관과 사람의 업무에 영향을 미치는 인자 : 사무공간

ICT의 라이프 사이클 단계에 있어서 고려해야 하는 활동 중에서 '물자의 보관'은 물자를 창고 등에서 그 품질을 유지한 상태로 보관하기 위해 필요한 재료나 에너지에 관계된 활동을 말한다. 또한 '사람의 업무'는 사람이 사무실 등에서 업무를 수행하는 데 필요한 재료나 에너지의 라이프 사이클에 관계된 활동이라고 정의한다.

'물자의 보관', '사람의 업무' 모두 에너지 소비의 관점에서 요약하면, 사무빌딩 내에서의 공조와 동력, 조명이 사용되는 '사무공간'에 관련지어 생각할 수 있다.

사무공간에 대해서는 사무실에서 차지하는 사람의 점유면적('사람의 업무'에 상당)과 사무실에 설치하는 ICT 기기와 서류보관 등의 점유면적('물자의 보관'에 상당)을 계산하고, 이들 면적의 총합에 상당하는 에너지 소비를 환경부하(CO_2 배출량)로 환산하여 평가할 수 있다.

특히 사람의 점유면적에서는 ICT 도입에 따른 업무효율 향상에 의해 관련 업무의 점유면적을 줄일 수 있다고 생각한다. 사무빌딩에서 1년간 $1m^2$당의 에너지 소비에서 유래되는 CO_2 배출량(76.0kg-CO_2/m^2/년)과 업무 시 차지하는 한 사람당 점유면적(13m^2/명)에서 사무공간의 한 사람당 CO_2 배출량(995kg-CO_2/명/년)을 산출하고, 효율화를 CO_2 배출량으로 환산하여 평가할 수 있다(2.2.2 'ICT의 환경부하 평가를 위한 원단위 예' 및 p.68~69의 칼럼을 참조).

2.2 환경부하 계산

2.2.1 데이터 수집방법과 계산방법

라이프 사이클에 있어서의 환경부하 중에서 ICT 시스템 구축에 사용하는 기기의 제조 및 운용단계에 있어서의 환경부하 평가를 위한 데이터 수집방법과 계산방법에 대해 설명하기로 한다.

(1) 기기 제조에 따른 환경부하 계산방법의 개요

기기 제조에 따른 환경부하란 **그림 2.2.1-1**에 나타낸 바와 같이 일반적으로 자원의 채취에서 '소재 제조', '가공', '조립'에 의해 부품이나 포장제품을 제조하여 제품을 출하할 때까지의 부하를 말한다. 참고로 본 책에서는 가공과 조립을 합쳐 '제조'라고 언급하기로 한다.

▼ 그림 2.2.1-1 기기 제조에 따른 환경부하의 대상 범위

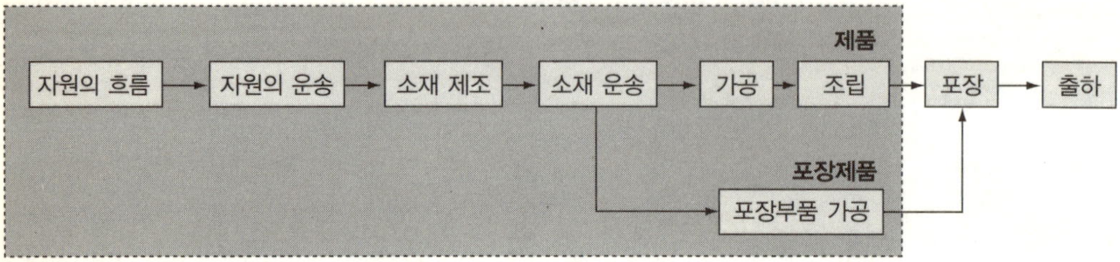

이어 소재 제조 및 제조의 환경부하 계산방법에 대한 개요와 계산 사례를 소개해 보기로 한다.

1) 소재 제조부하의 계산방법

기기와 포장제품을 제조하는 데 사용하는 소재의 제조에 따른 환경부하는 제품을 구성하는 부품과 포장제품의 소재별 질량에 해당 소재의 환경부하 원단위를 곱하여 구할 수 있다(**식 2.2.1-1**).

소재 제조에 따른 환경부하 = Σ(소재별 질량 × 소재 제조 원단위) **(식 2.2.1-1)**

2) 제조부하의 계산방법

제조의 환경부하는 가공시간에 가공작업의 환경부하 원단위를 곱한 것(**식 2.2.1-2**)과 조립시간에 조립작업의 환경부하 원단위를 곱한 것(**식 2.2.1-3**)의 합(**식 2.2.1-4**)으로 구할 수 있다.

가공에 따른 환경부하 = 가공시간 × 가공부하 원단위 **(식 2.2.1-2)**

조립에 따른 환경부하 = 조립시간 × 조립부하 원단위 **(식 2.2.1-3)**

제조에 따른 환경부하 = 가공에 따른 환경부하 + 조립에 따른 환경부하 **(식 2.2.1-4)**

참고로 제조의 환경부하 계산에서는 가공·조립된 부품과 조립품을 구입하여 제품에 집어넣는 경우나 가공과 조립 작업을 외주하는 경우에는 구입처나 외주처에서의 환경부하도 수집하는 것이 바람직하다. 또 가공·조립 부하 원단위의 경우, 제조라인 또는 직장에서 평가대상으로 하는 제품만을 제조하고 있다면, 그 제조에 따른 소비전력 등의 전 유틸리티 양을 파악하여 제조시간으로 나누면 단위 시간당 환경부하를 산출할 수 있다. 참고로 제조라인 또는 직장에서 여러 개의 제품을 제조하고 있는 경우에는 공장 가동시간과 전 유틸리티 소비량에서 단위 시간당 환경부하를 산출하고 기종별 제조시간으로 배분하여 평가대상 제품별 단위 시간당 환경부하를 산출하는 방법도 있다

제조에 따른 환경부하 산출의 경우, 구입품과 외주품에 대해서도 구입처와 외주처에서 같은 방법으로 산출한 결과를 받는 것이 바람직하지

만, 산출이 어려울 경우에는 자사 공장의 제조부하 원단위를 이용하여 산출하는 등의 방법도 있다.

(2) 기기 제조 데이터 수집 사례

기기 제조 데이터에 대한 수집방법으로는 실제로 LCA 평가를 실시한 데이터를 수집하는 방법과 일반에게 공개되어 있는 데이터를 수집하는 방법을 들 수 있다. 실제로 LCA 평가를 실시한 데이터를 수집하는 사례로 히타치 그룹이 보고한 예를, 그리고 일반에게 공개되어 있는 데이터를 수집하는 사례로 (사)산업환경관리협회의 에코리프를 소개하고자 한다.

1) 실제 평가 데이터의 수집 사례

히타치 그룹에서는 제품의 환경적합성 평가를 독자적으로 개발한 '환경적합 설계평가 툴'을 이용하여 실시하고 있다.[6,7] 이 툴에는 LCA 평가

▶ 그림 2.2.1-2 환경적합 설계평가 툴의 제품정보 입력 시트

제품 기초데이타 입력

[1]. 환경데이타 시트 필요한 데이터 입력은 본시트로OK

					결과표시
입력하는셀의색					적색글자
계산결과.참조					청색글자

No.	제품명칭		12AZ		종래기종	신기종 B11			
					A12	제 1차 평가		제 2차 평가	
	항목				(A)	(B)	B/A	□	C/A
1	제품사양		화소수	화소	1100000	1020000	92.7%	1020000	92.7%
			본체용적	cc	1338.384	822.77118	58.3%	831.616	59.5%
			기록시간	분	60	60	100.0%	60	100.0%
2	외형수치		폭		78	63.8	81.8%	84	82.1%
			높이		108	89	82.4%	89	82.4%
	(mm)		깊이		166	144.9	67.3%	146	88.0%
3	제품질량			(Kg)	0.8	0.493	61.6%	0.5	62.6%
4	정격내용량			(L)			–		–
5	도아수						–		–
6	C.E.R (내용적효율)			(%)	0.0	0.0	–	0.0	–
7	소음			(dB)			–		–
8	소재구성	금속	철강		0.00		–		
			스텐레스		0.19		–		
			구리 및 합금		0.00				
			알미늄 및 합금		0.01				
			기타금속		0.05				
				계	0.26				
		플라스틱	PP(폴리프로필렌)		0.01	0.00	0.0%	0.00	0.0%
			PS(폴리스틸렌)		0.00	0.00	–	0.00	–
			ABS(아크릴뷰타다이엔스타이렌)		0.15	0.09	59.9%	0.09	59.9%
			PVC(폴리염화비닐)		0.00	0.00	0.0%	0.00	0.0%
			PMMAC(메타크릴)			0.00	–	0.00	–

기능이 포함되어 있으며, 기기의 소재 제조, 제조, 유통, 사용, 폐기 · 리사이클에 대해 평가할 수 있다. **그림 2.2.1-2**는 환경적합 설계평가 툴의 제품정보 입력 시트를 나타낸 것이다.

이 시트에 제품을 구성하는 재질별 질량, 제조시간, 포장제품의 재질과 질량을 입력하면 **그림 2.2.1-3**에 나타낸 바와 같이 LCA 평가결과가 표시된다. **그림 2.2.1-4**는 이 LCA 평가의 개요를 나타낸 것인데, 제품정보 입력 시트에 입력된 정보와 각 입력정보에 대응하여 준비되어 있는

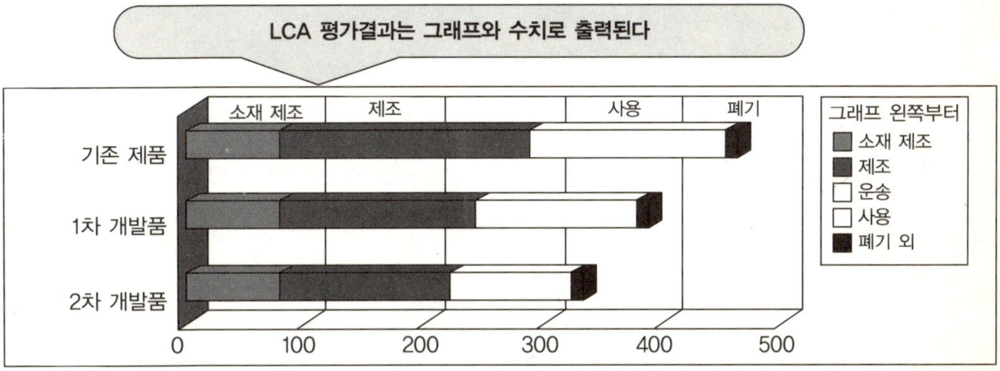

▼ 그림 2.2.1-3 LCA 평가결과의 예시

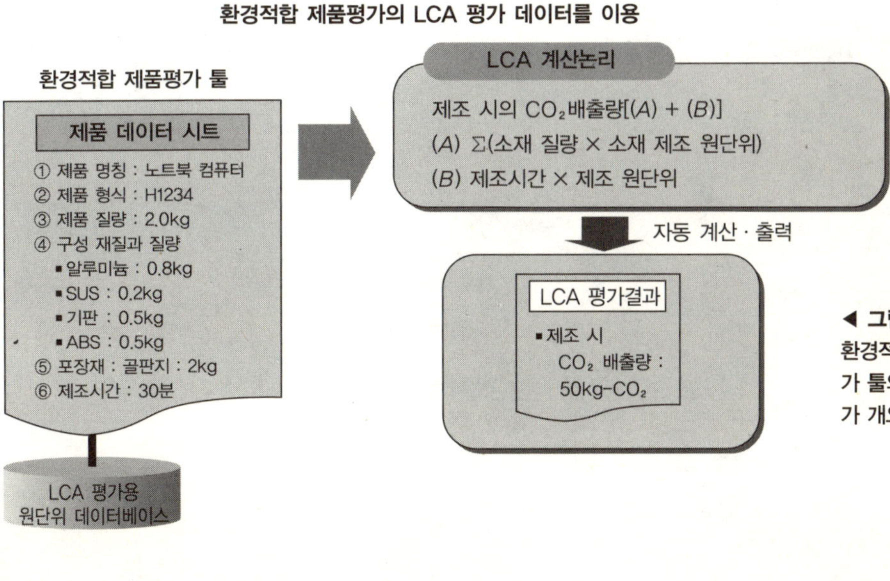

◀ 그림 2.2.1-4 환경적합 설계평가 툴의 LCA 평가 개요

CO_2 배출원 단위를 곱하면 제품 제조부하가 자동 계산되는 구조로 되어 있다. '소재 제조'와 '제조'의 합계를 기기 제조에 따른 환경부하로 사용할 수 있다.

2) 공표 데이터의 이용

ICT 시스템을 구축하는 경우, 자사에서 제조하고 있는 기기 외에 타사의 제품을 사용하는 경우가 있다. 이 경우 구입처에서 기기 제조의 LCA 평가결과를 제공받지 않는다면 독자적으로 LCA 평가를 실시하거나 공표되어 있는 LCA 평가 데이터를 사용해야 한다. 공표되어 있는 LCA 평가 데이터로서는 (사)산업환경관리협회의 에코리프[8]가 있다. **그림 2.2.1-5**는 에코리프의 LCA 표시 예를 나타낸 것이다. 에코리프는 (사)산업환경관리협회가 정한 기준에 준하여 LCA 평가를 실시하고 있으며, '소재 제조', '제품 제조', '물류', '사용', '폐기 · 리사이클'에서의 CO_2 배출량이 공표되어 있다. 이 '소재 제조'와 '제품 제조'의 합계를 기기 제조에 따른 환경부하로 사용할 수 있다.

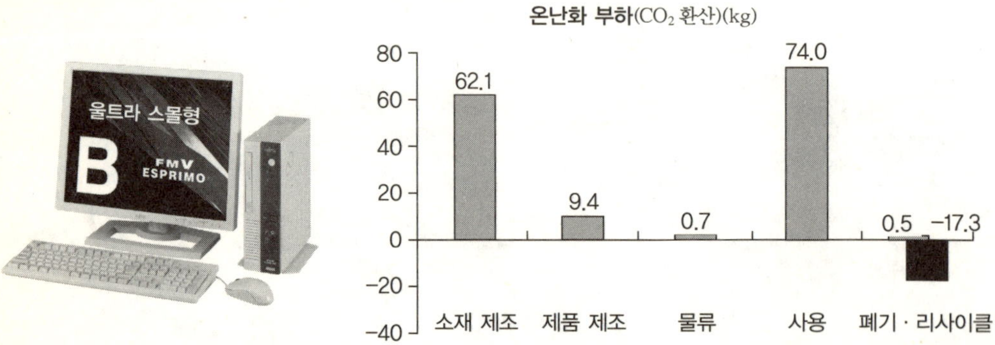

▼ **그림 2.2.1-5** 에코리프의 LCA 평가결과 표시[8]

(3) 운용단계에서의 환경부하 계산방법에 대한 개요

1) 데이터 수집방법

라이프 사이클의 운용단계에 있어서 '재료 · 에너지 소비', 'ICT 기기 이용', '네트워크 인프라 이용', '소프트웨어 이용', '물자의 이동', '사람의 이동', '물자의 보관', '사람의 업무'의 각 활동별로 ICT 도입 전후에 대해 **표 2.2.1-1**에 나타낸 데이터 수집 항목을 조사하여 실적값을 수집한다.

예를 들어 주민표의 자동 발권 시스템에 의해 종이 사용량의 감소가 예상되는 경우에는 '재료 · 에너지 소비'에 있어서 주민표(종이 베이스)의 발행 매수를 조사하는 것이다.

표 2.2.1-1 운용단계에서의 데이터 수집방법

	평가대상의 활동	데이터 수집 항목(예)	비고(사례 등)
1)	재료 · 에너지 소비	종이 사용량(매)	예를 들면 주민표, 인감증명 등 각종 전표 · 서류 등
		CD 사용량(매)	예를 들면 장부를 기록한 CO-ROM 매체 등
		휘발유 · 중유(L)	(2 ~ 8의 활동에서 입출력되는 것은 제외)
		전력소비량(kWh)	〃
2)	ICT 기기 이용	전력소비량(kWh)	예를 들면, 서버 가동 시 전력(kW) × 1일당 가동시간(시간/일) × 연간 가동일 수(일/년)에서 연간 전력소비량을 산출한다.
3)	네트워크 인프라 이용	데이터 통신량(MB)	예를 들면, 장부 데이터 1건 10kB × 연간 처리건수에서 데이터 통신량을 산출한다.
4)	소프트웨어 이용	―	(주)
5)	물자의 이동	영업용 트럭으로의 운송거리(t · km) 철도화물로의 운송거리(t · km) 항공화물로의 운송거리(t · km)	각 운송수단마다 중량(t) × 이동거리(km)에서 운송수량을 산출한다. 예를 들어 운송거리 30km, 중량 2t인 경우, 30km × 2t = 60t · km
6)	사람의 이동	승용차로의 운송 수량(명 · km) 철도로의 운송 수량(명 · km) 항공기로의 운송 수량(명 · km)	각 운송수단마다 인원수(명) × 이동거리(km)에서 운송 수량을 산출한다. 예를 들어 운송거리 20km, 3명인 경우, 20km × 3명 = 60명 · km
7)	물자의 보관	ICT 기기 및 서류보관 장소 면적(m^2) 보통 창고(m^2)	사무실과 창고에서 보관할 때 필요한 점유면적을 산출한다. 예를 들어 서버 0.5m^2, 고객 PC 0.2m^2, 책장 0.4m^2(폭 90cm, 깊이 40cm) 등
8)	사람의 업무	공수 환산에 의한 인원수(명)	예를 들어 서무 사무에 관계된 전임 공수 10명 등

(주) ICT 기기의 '소프트웨어 이용'에 있어서는 유휴상태일 때와 애플리케이션 가동 시의 소비전력이 다른 경우가 있다. 그러나 ICT 기기 이용에 있어서의 소비전력과 구별이 어려우므로 운용단계에서 계산(計上)하는 경우는 많지 않다.

2) 계산방법

1년간에 대한 환경부하의 계산은 **표 2.2.1-2**의 계산식에 따라 데이터 수집 항목의 소비량에 CO_2 배출량의 원단위를 곱하여 산출한다(2.2.2 'ICT의 환경부하 평가를 위한 원단위 예' 참조). 예를 들어 종이 사용량에 대한 환경부하는 1년간의 종이 사용 매수를 중량으로 환산하여 종이 제조에 따른 CO_2 배출량의 원단위를 곱하여 산출한다.

ICT 도입 전후에 대한 계산에 있어서는 시스템 경계에 주의하여 기능단위를 일치시키고 환경부하를 산출하는 대상범위가 같도록 설정하는 것이 중요하다.

표 2.2.1-2　운용단계에서의 계산방법

1)	재료 · 에너지 소비	예를 들면, CO_2 배출량(kg-CO_2) = 종이 사용량(매) × A4 환산계수(kg/매) × 종이의 원단위(kg-CO_2/kg) CD 사용량(매) × CD의 원단위(kg-CO_2/매)
2)	ICT 기기 이용	예를 들면, CO_2 배출량(kg-CO_2) = Σ[가동 시 전력(kw) × 전원 투입시간(시간/일) × 연간 가동일 수(일/년) × 전력의 원단위(kg-CO_2/kWh)]
3)	네트워크 인프라 이용	예를 들면, CO_2 배출량(kg-CO_2) = 데이터 통신량(MB) × 데이터 통신의 원단위(kg-CO_2/MB)
4)	소프트웨어 이용	———— (표 2.2.1-1의 (주)와 같다)
5)	물자의 이동	예를 들면, CO_2 배출량(kg-CO_2) = 영업용 트럭 운송 수량(t/km) × 영업용 트럭의 원단위(kg-CO_2/t/km) 철도화물 운송 수량(t/km) × 철도화물의 원단위(kg-CO_2/t/km) 항공화물 운송 수량(t/km) × 항공화물의 원단위(kg-CO_2/t/km)
6)	사람의 이동	예를 들면, CO_2 배출량(kg-CO_2) = 운송 수량(명/km) × 승용차의 원단위(kg-CO_2/명/km) 운송 수량(명/km) × 철도의 원단위(kg-CO_2/명/km) 운송 수량(명/km) × 항공기의 원단위(kg-CO_2/명/km)
7)	물자의 보관	예를 들면, CO_2 배출량(kg-CO_2) = 서버 설치면적(m^2) × 사무공간의 원단위(kg-CO_2/m^2) + 창고면적(m^2) × 창고공간의 원단위(kg-CO_2/m^2)
8)	사람의 업무	예를 들면, CO_2 배출량(kg-CO_2) = 공수 인원(명) × 1명당 평균 사무공간(m^2/명) × 사무공간의 원단위(kg-CO_2/m^2)

칼럼

서버 이용의 배분에 대해

미래의 유비쿼터스 네트워크 사회에서는 생산 · 물류 · 소비의 경제활동 효율화를 비약적으로 진전시켜 교통 대체와 정체 완화, 사무실 · 주택 기기와 가전기기 등의 섬세한 관리 등 경제성장과 편리성 향상을 추구하면서 환경부하를 저감시킬 수 있을 것으로 주목되고 있다.

이와 같은 대규모 시스템에 있어서의 ICT 기기는 단독으로 이용되기보다 여러 개가 공용으로 이용되는 환경이 많다고 할 수 있다.

특히 ICT 도입에 있어서는 1대의 서버를 여러 개의 ICT 시스템에서 공용하고 있는 경우가 많다. 이 경우 ICT 기기 이용의 계산방법에 대해서는 다음과 같이 배분하는 것이 바람직하다(**그림 2.2.1-6**).

a. 서버를 이용하는 데이터 통신량(트랜잭션과 트래픽)으로 배분한다.
b. 서버를 이용하는 시간으로 배분한다.
c. 서버를 이용하는 인원수로 배분한다.

과제 : 서버를 여러 개의 업무(솔루션)에서 이용하고 있는 경우의 환경부하 평가를 어떻게 할 것인가?

대책 : 데이터 통신량, 이용시간, 이용인원 수 등으로 배분하여 평가한다. 실제의 운용형태를 조사하여 실적을 기준으로 평가하는 것이 바람직하다.

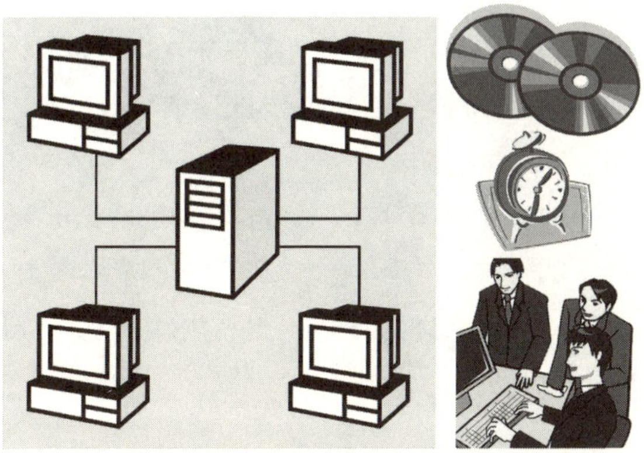

그림 2.2.1-6 서버 이용의 배분

a. ICT의 환경부하 평가에서는 'ICT 기기 이용'에 있어서의 기기에 대한 전력 소비와 함께 '네트워크 인프라 이용'에 있어서의 데이터 통신량의 환경을 중시하고 있다.

따라서 배분에 있어서는 기본적으로 데이터 통신량을 중시하는 편이 바람직하다. 그러나 개개의 솔루션 이용에 있어서 트랜잭션 수나 트래픽 수를 조사하는 것은 쉽지 않다. 특히 서버를 IDC 등 아웃소싱으로 이용하고 있을 때는 어려운 경우가 많다. 따라서 일반적으로 b. 시간배분, c. 인원수 배분으로 평가를 실시한다.

b. 시간배분의 경우, 예를 들어 1일 24시간 내에서 대상업무로 서버를 점유하고 있는(가정한다) 시간을 조사하여 배분한다. 서버가 24시간 철야로 가동되면 그렇지 않은 경우에 비해 주의가 필요하지만, 더욱 실제에 가깝게 계산할 수 있다.

평균 이용시간 등을 설정하는 경우에는 그 근거가 필요하지만, 실적값을 기준으로 한다면 더욱 정밀도 높은 환경부하를 산출할 수 있다.

c. 인원수 배분에 있어서는 실적값을 기준으로 하는 경우는 그래도 괜찮지만, 상정값을 서버 용량으로부터 환산하면 이용인원 수의 환경부하를 과소평가하는 경우가 많아진다. 리스크 관리상 서버의 한계용량까지 이용하는 경우는 적기 때문이다.

예를 들어 e-러닝의 경우는 1대의 서버를 여러 개의 업무에서 공용하는 경우가 많다. 이때 서버의 데이터 통신량과 이용시간을 조사하기 어려운 경우는 다음과 같이 이용인원 수로 배분한다.

'물자의 보관(서버의 설치면적 유지에 관계된 각종 에너지 소비에서 유발되는 환경부하)' 및 'ICT 기기 이용(서버의 가동에 관계된 전력비에서 유발되는 환경부하)'에 있어서는 서버 이용자 연인원 수에 대해 e-러닝 수강자 수로 배분하여 계산한다.

2.2.2 ICT의 환경부하 평가를 위한 원단위 예

(1) 원단위 작성방법

ICT 서비스의 라이프 사이클에 있어서 환경에 영향을 미치는 전력소비량과 기기 사용량을 알면 다음 식에 의해 환경부하를 정량적으로 평가할 수 있다.

> 환경부하 = 환경에 영향을 미치는 제품 · 서비스의 소비량
> × 제품 · 서비스를 1단위 소비했을 때의 환경부하량 (식 2.2.2-1)

제품 · 서비스를 1단위 소비했을 때의 환경부하량을 원단위라고 하며, 작성방법에 따라 크게 두 가지로 나뉜다. 즉, 적상법에 의한 원단위와 산업 연관 분석법에 의한 원단위로 나눌 수 있다. 이와 같은 원단위를 미리 구해 놓을 경우, 환경에 영향을 미치는 제품 · 서비스의 소비량을 조사하면 환경부하를 계산할 수 있다.

모든 제품에 사용되는 원료, 투입되는 에너지는 전부 광산에서 채취되는 광석이나 유전에서 채취하는 원유 등에서 유래한다. 따라서 원료 채취부터 제품 제조까지의 모든 과정을 하나하나 찾아서 자원의 투입량과 환경부하량을 계산하여 원단위를 구할 수 있다. (사)산업환경관리협회의 LCA 소프트(JEMAI-LCA Pro) 원단위 데이터베이스에는 철강, 에너지, 유기화학 공업 제품, 무기화학 공업 제품을 중심으로 약 400종류의 제품 · 소재를 이용할 수 있도록 준비되어 있으며, 적상법에 의한 원단위 데이터로서는 종류가 많은 편이다. 적상법에서는 객관적인 프로세스 데이터(투입, 배출량)에 근거하여 자세한 조사가 필요하며, 고도의 전문지식과 방대한 조사 공수가 필요하므로 데이터베이스화하려는 시도는 일부의 제품 ·

소재에 머무르고 있다.

한편 일본 국내에 있어서의 생산부문 간 제품 · 서비스에 대한 거래 금액과 여러 생산부문에 직접 투입되는 에너지량을 추계하여 원단위를 구하는 방법이 산업연관 분석법[9, 10]이다. 생산부문 간 제품 · 서비스의 거래 금액과 여러 생산부문에 직접 투입되는 에너지량은 기본적으로 총무부가 중심이 되어 5년마다 집계되는 산업연관표[11, 12]의 기본 거래표와 물량표를 토대로 계산하여 구할 수 있으며, 여러 연구기관, 기업에서 연구되어 각종 데이터베이스로 만들어지고 있다. 부문분류의 항목 수립방법, 물량표의 추계방법이 각 데이터베이스에 따라 다르므로 행렬 계산에 의해 산출되었지만 원단위 항목 수, 원단위 데이터 모두 다르다. 기본 분류 약 400항목의 원단위와 함께 부문별 · 품목별 국내 생산액표(생산액표)를 이용하여 2,000종류 이상의 원단위 데이터베이스를 확보할 수 있다는 것이 특징이다.

산업연관표를 이용한 데이터베이스의 경우, 국립환경연구소가 최신의 2000년판을 이용하여 기본 분류 약 400항목의 제품 · 서비스 부문에 대한 CO_2 원단위를 공표하였다.[13]

이 원단위를 이용하여 **식 2.2.2-2**와 같이 계산하면, ICT의 환경부하 평가에 필요한 제품 · 서비스를 1단위 생산할 때의 CO_2 원단위를 구할 수 있다. 이 계산에 의해 생산액당 원단위는 물량 단위의 원단위로 변환되어 실제의 구입 금액이 명확하지 않은 경우라도 LCA를 실시하기 쉬운 단위가 되기 때문에 이용가치를 높일 수 있다.

$$\left[\begin{array}{c}\text{제품 · 서비스 1단}\\ \text{위당 } CO_2 \text{ 원단위}\end{array}\right] = \left[\begin{array}{c}\text{제품 · 서비스}\\ \text{1단위당 단가}\end{array}\right] \times \frac{\left[\begin{array}{c}\text{100만원당 제품 · 서비스를}\\ \text{생산하기 위한 } CO_2 \text{ 원단위}\end{array}\right]}{\text{100만원}}$$

(식 2.2.2-2)

참고로 산업연관표의 부문 분류는 ICT 기기와 같은 고부가가치형의 고도 가공조립 제품에 취약하다. 따라서 산업연관표에 의거한 원단위 데이터는 어디까지나 백그라운드 데이터로 사용하는 것이 바람직하다. 그러므로 감도분석 등에 의해 최종 결과에 미치는 영향도가 클 것으로 판단된 경우에는 정확한 데이터를 수집하여 결과를 정밀화시키기 위해 노력해야 한다.

(2) ICT 기기의 원단위

현재 여러 가지 ICT 기기가 제공되고 있다. 이들 제품의 제조에는 여러 가지 자원과 에너지가 사용되고 있으며, 그 결과로서 CO_2 배출에 따른 지구온난화에 영향을 미치고 있다. 여기서는 ICT 기기의 제조에 따라 배출되는 CO_2 원단위의 작성 예에 대해 설명하고자 한다.

산업연관표의 부대표에는 생산액표가 있으며, ICT 기기가 어느 기본 분류에 포함되어 있는지를 알 수 있다. 또 생산액표에는 ICT 기기를 포함한 많은 제품의 단가가 기재되어 있다. 따라서 이 생산액표를 이용하면 ICT 기기의 원단위를 **식 2.2.2-2**로 계산할 수 있다.

표 2.2.2-1은 ICT 기기의 제조에 따라 배출되는 CO_2 원단위의 계산 결과를 나타낸 것이다. ICT 기기에 대응하는 산업연관표의 항목 명칭과 기본 분류 명칭표는 **표 2.2.2-1**과 같다. 생산액표의 단가와 100만원당 제품 · 서비스를 생산하기 위한 CO_2 원단위를 곱한 결과가 ICT 기기 1대당 CO_2 원단위에 해당하는 것이다. 참고로 디스플레이 등의 일부 ICT 기기에는 단가가 기재되어 있지 않기 때문에 기계통계연보에서 2000년도 제품의 단가를 인용하여 계산한 결과를 나타내었다.

표 2.2.2-1 ICT 기기 1대당 CO_2 원단위 예

ICT 기기		산업연관표 항목 명칭	기본 분류 명칭	단가(원/대)	CO_2 원단위		비고(단가의 출전)
					t-CO_2/백만원	Kg-CO_2/대	
ICT 기기	PC(데스크탑)	퍼스널 컴퓨터(PC 서버도 포함)	퍼스널 컴퓨터	177,477	1.75	310.3	국내 생산액표
	PC(노트북)						
	디스플레이(CRT)	표시장치	전자계산기 부속장치	91.437	1.97	180.1	기계통계연보
	디스플레이(액정)						
	서버(대)	범용 컴퓨터	전자계산기 본체(PC 제외)	100,087,887	1.77	176,987.9	국내 생산액표
	서버(중)	미드레인지 컴퓨터	전자계산기 본체(PC 제외)	2,817,758	1.77	4,982.7	국내 생산액표
	허브	허브	유선전기 통신기기	290,611	2.02	587.0	국내 생산액표
	라우터	라우터	유선전기 통신기기	251,113	2.02	507.2	국내 생산액표
	스토리지(용량별 등)	미드레인지 컴퓨터	전자계산기 본체(PC 제외)	2,817,758	1.77	4,982.7	국내 생산액표
	전화	일반 전화기	유선전기 통신기기	9,451	2.02	19.1	국내 생산액표
	휴대전화	휴대전화	휴대전화기	26,991	2.04	55.1	국내 생산액표
	FAX	고속 팩시밀리	유선전기 통신기기	40,784	2.02	82.4	국내 생산액표
	DSU-TA	터미널 어댑터	유선전기 통신기기	12,488	2.02	25.2	국내 생산액표
탁상 소형 프린터 · 스캐너	복합기 · 스캐너	인쇄장치	전자계산기 부속장치	23,592	1.97	46.5	기계통계연보
	잉크젯 프린터						
	도트 프린터						
복사기 · 복합기	흑백 복사기 · 복합기	디지털 방식 복사기	복사기	284,070	2.30	653.2	국내 생산액표
	칼라 복사기 · 복합기	풀칼라 복사기	복사기	617,231	2.30	1,419.3	국내 생산액표
플레이어	DVD 플레이어	DVD · 비디오	비디오 기기	27,113	2.19	59.4	국내 생산액표
카메라	디지털 카메라	디지털 카메라	비디오 기기	33,537	2.19	73.5	국내 생산액표
	필름 카메라	35렌즈셔터 방식 카메라	카메라	11,023	1.71	18.8	국내 생산액표
	비디오 카메라	비디오 카메라(방송용 제외)	비디오 기기	46,897	2.19	102.8	국내 생산액표
TV	브라운관 TV	텔레비전 수신기(액정 타입 제외)	라디오 · TV 수신기	51,753	2.24	115.9	국내 생산액표
	액정 TV	액정 텔레비전 수신기	라디오 · TV 수신기	61,588	2.24	138.0	국내 생산액표

(주) 국내 생산액표, 기계통계연보 : 2000년도 생산자 단가를 이용

(3) ICT 운용에 따른 환경영향 요인의 원단위

ICT 서비스의 운용에 따라 사람의 이동이나 물자의 이동이 증감하고, CO_2 배출량이 변화한다.

표 2.2.2-2 **소프트웨어 · 서비스 환경부하 평가 원단위 일람**

환경부하 요인		CO_2 원단위(2000년)	비고(출전 등)
물자의 소비	종이	1.28kg-CO_2/kg	
	중량 환산 계수	0.004kg/매	종이 펄프 핸드북(1998)
	CD, MO, DVD 등	0.250kg-CO_2/매	기계통계연보(2001)
	서류 변환형	0.460kg-CO_2/매	〃
	추가 기록형	0.169kg-CO_2/매	〃
사람의 이동	버스	0.0615kg-CO_2/명/km	일본 통계연감(2005)
	철도	0.0329kg-CO_2/명/km	〃
	항공기	0.186kg-CO_2/명/km	〃
물자의 이동	트럭	0.205kg-CO_2/t/km	〃
	철도화물	0.0315kg-CO_2/t/km	〃
	항공화물	1.41kg-CO_2/t/km	〃
	화물선	0.00723kg-CO_2/t/km	〃
사무공간	사무공간	76.0kg-CO_2/m^2/년	민생부문 에너지 소비실태 조사(NEDO), 환경부하 원단위 데이터 북(국립환경연구소). 계산방법은 p.68~69의 칼럼 참조
	1인당 작업공간	13.1m^2/명	일본 빌딩협회 http://www.birukyo.or.jp/
창고 공간	보통 창고	46.4kg-CO_2/m^2/년	일본 통계연감(2005)
IT · 네트워크 기기 전력소비	전력	0.363kg-CO_2/kWh	
데이터 통신	네트워크 통신	0.0025kg-CO_2/MB	ICT 서비스의 환경효율에 관한 보고서 (산업환경관리협회, 2004)
	FAX 통신	0.14kg-CO_2/h	환경효율 연구 WG3 자료(2003)
	우편(봉서)	0.0973kg-CO_2/통	
연료	휘발유	2.75kg-CO_2/L	환경부하 원단위 데이터 북(국립 환경연구소)
	등유	2.65kg-CO_2/L	〃
	경유	2.95kg-CO_2/L	〃
	중유	2.81kg-CO_2/L	〃
	도시가스	2.22kg-CO_2/ m^3	〃

(주) 환경부하 원단위 데이터 북(국립환경연구소)에서 구한 금액당 CO_2 원단위를 산업연관표 부문별 · 품목별 국내 생산액표(품목표)에서 얻은 단가를 이용하여 물량당으로 환산하였다. 품목표에서 단가를 구할 수 없는 경우는 비고란에 기재되어 있는 자료에서 단가를 구하였다.

표 2.2.2-2는 이와 같은 ICT 운용에 따른 환경영향 요인을 평가하기 위해 산업연관표에서 원단위를 구한 예를 나타낸 것이다.

생산액표에는 철도, 여객, 운송 등 기재되지 않은 단가가 많기 때문에 일본 통계연감[14]에서 2000년도의 서비스 생산자 단가를 인용하였다.

칼럼

사무공간 원단위

ICT 운용에서는 처리의 효율화를 목적으로 한다. 효율화에 의해 공수를 줄일 수 있으며, 관계된 업무에 필요한 점유면적(사무공간)을 줄일 수 있다. 즉, 처리 효율화는 향후 사무공간 축소를 유발한다는 측면에서 환경부하 저감 잠재성을 가지고 있다.

그림 2.2.2-1에 나타낸 바와 같이 사무실에서는 조명과 공조로 인하여 에너지가 소비된다. 업무부문의 에너지 소비 실태조사[15]에 따르면, 사무실에서는 전력, 도시가스 등에 연간 1m²당 208Mcal/m²/년이 소비되고 있다※.

에너지 종류별 CO_2 원단위를 곱하면 사무실 1m²당 공조 · 조명을 위해 76.0kg-CO_2/m²/년의 CO_2를 배출하는 것을 알 수 있다.

또 (사)일본 빌딩협회[16]에서 사무실 직원 1인당 사무처리 공간에 대해 발표하

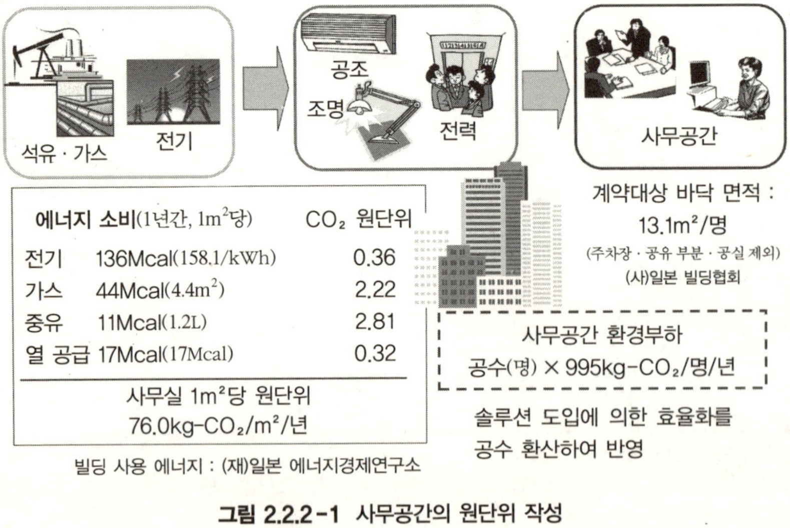

그림 2.2.2-1 사무공간의 원단위 작성

였다. 매년 경기의 영향 등으로 그 면적은 변동하지만, 2002년의 전국 평균은 13.1m²/명이었다.

따라서 사무실 1m²당의 CO_2 배출원 단위인 76.0kg-CO_2/m²/년을 13.1m²/명으로 환산하면, 사무 공수 1인당의 CO_2 원단위인 995kg-CO_2/명/년을 구할 수 있다.

※ 에너지의 사용 용도는 '조명 · 동력 · 기타'가 57%로 최대를 나타내고 있다. 이어서 '냉방'이 24%, '기타 열 수요'가 8%의 순으로 나타났다. 동력 중에서 OA 기기에서의 에너지 소비가 크다는 사실이 업무부문의 에너지 소비 실태조사에서도 언급된 바 있다. 따라서 사무공간 원단위에는 OA 기기의 전력소비에 따른 환경부하도 포함되어 있다고 할 수 있다. 현재 사무빌딩에서 소비되고 있는 에너지에서 OA 기기의 소비에너지가 분리되어 있지 않다. ICT 서비스의 도입 전후에 필요한 사무공간 유지에 따른 환경부하가 과대평가된 원단위를 나타내고 있으나, 환경부하 평가라는 관점에서는 과소평가된 것은 아니라고 할 수 있다.

향후 OA 기기에서 소비되는 에너지를 분리한 원단위 검토가 필요하다고 생각된다.

2.3 환경부하 비교(비교평가의 원칙과 방법)

본 절에서는 2.2절에서 설명했던 환경부하의 계산방법으로 여러 개의 ICT에 대한 비교평가나 ICT와 기존 수단(예를 들면 화상회의와 출장회의 등)을 비교할 때의 원칙 및 평가방법에 대해 설명한다.

2.3.1 환경부하를 비교할 때의 원칙

ICT의 환경부하 평가는 LCA를 기준으로 하는 것이 바람직하며, 환경부하를 비교할 때도 ISO14040/JIS Q 14040 시리즈를 기준으로 해야 한다. ISO14040/JIS Q 14040 시리즈를 살펴보면, 환경부하의 비교에 관해서는 ISO14040/JIS Q 14040의 5.1.2.4 '시스템 간 비교'에 '비교평가를 실시할 때는 시스템의 동등성을 확보하여 비교해야 한다'라고 기재되어 있다.[17] 시스템의 동등성을 확보하기 위해서는 최소한 다음과 같은 사항을 준수해야 한다.

a. 비교할 ICT끼리나 ICT와 기존 수단의 기능 단위를 일치시킬 것.
b. 시스템 경계를 명시할 것.
c. 비교평가의 투명성과 객관성을 확보하기 위해 a와 b에 대해 자세히 설명한다.

a.의 '기능 단위를 일치시킬 것'이란, 2.1.2에 기재되어 있는 기능 단위의 설정방법을 기준으로 ICT와 기존 수단의 기능 단위를 설정할 때 비교할 기능 단위를 일치시키지 않으면 비교의 의미가 없다는 것을 나타낸다. 예를 들어 화상회의와 출장회의를 비교할 때, 화상회의에서는 기능 단위를 '도쿄 본사와 나고야 지점에서 연간 48회(월 4회)의 화상회의를 광대역 서비스로 실시한다' 등과 같이 정하고, 출장회의는 '연간 98회(월 8회) 도쿄 본사에서 개최되는 회의에 출석하기 위해 오사카 본사에서 3명이 출장간다' 등과 같이 설정하여 이들 기능 단위에서 화상회의와 출장회의 각각의 환경부하를 계산하여 비교할 경우는 의미가 없다. 왜냐하면 회의의 내용(개최 횟수, 회의 출석자의 장소)이 다르기 때문이다. 또 회의 출석자를 기재하고 출장회의에는 없는 광대역 서비스를 기능 단위로서 설정한 것도 화상회의와 출장회의의 기능 단위 설정이 일치하지 않는 부분이다.

그렇다면 어떻게 기능 단위를 설정해야 할까? 예를 들면 화상회의와 출장회의의 기능 단위를 '도쿄 본사 5명과 나고야 지점 3명이 연간 48회(월 4회) 도쿄 본사에서 개최되는 회의에 참석한다'라고 설정해야 한다. 단, c.에 언급한 바와 같이 환경부하를 계산하기 위한 화상회의와 출장회의의 각 조건에 대해 자세하게 설명할 경우 더욱 투명성을 높여 비교할 수 있다.

b.의 '시스템 경계를 명시할 것'이란, 2.1.3에 기재되어 있는 시스템 경계의 설정방법을 기준으로 시스템 경계를 설정하되 비교할 각 ICT와 기존 수단의 시스템 경계는 완전히 일치시킬 수 없기 때문에 비교할 때 시스템의 동등성을 확보하기 위해서라도 비교 결과를 제시해야 하며, 시스템 경계를 명시하는 것이 최소한 필요하다는 것을 의미한다.

2.3.2 환경부하를 비교할 때의 평가방법

2.3.1을 기준으로 기능 단위와 시스템 경계를 설정한 후에는 제2장을 기준으로 비교할 ICT와 기존 수단의 환경부하를 계산하게 되는데, 그 계산결과를 비교하는 방법은 대상이 되는 ICT('대상 ICT'라고 한다)나 기준이 되는 ICT 또는 기존 수단('기준 서비스'라고 한다)을 설정하여 다음과 같은 정의 식에 근거하여 비교평가를 실시한다.

$$\text{환경부하 증감량} = \text{대상 ICT의 기능 단위당 환경부하량} - \text{기준 서비스의 기능 단위당 환경부하량} \quad \text{(식 2.3.2-1)}$$

$$\text{환경부하 증감률} = \frac{\text{환경부하 증감량}}{\text{기준 서비스의 기능 단위당 환경부하량}} \quad \text{(식 2.3.2-2)}$$

위에서 정의하고 있는 환경부하 증감량 및 환경부하 증감률은 표현을 적당히 변경해도 무방하다. 예를 들어 환경부하 증감량이 플러스 값인 경우는 각각 '환경부하 증가량' 및 '환경부하 증가율' 등으로 하거나 반대로 환경부하 증감량이 마이너스 값인 경우는 각각 '환경부하 저감량' 및 '환경부하 저감률' 등으로 바꾸어도 무방하다.

칼럼

기존 수단의 설정방법

앞에서 언급한 "기준 서비스"의 "기존 수단"은 환경부하를 비교할 때 어떻게 설정하면 좋을까? ICT 시스템 도입에 의해 메일이나 인터넷의 이용이 가능해져 기존에는 없었던 서비스로서 메일 매거진을 배포할 수 있게 된 것을 예로 들어 본다.

이 경우 '메일 매거진' 부분의 환경부하 평가에서 도입 후에는 'ICT 기기 이용', '네트워크 인프라 이용'의 각 활동에 관계된 전력소비와 데이터 통신량을 평가하며, 도입 전에는 동일한 배포 정보를 손으로 쓰거나 우편으로 송부한 경우를 가정하여 '사람의 업무'와 '물자의 이동' 등의 활동으로 수치를 상정 및 계산함으로써 비교평가할 수 있다.

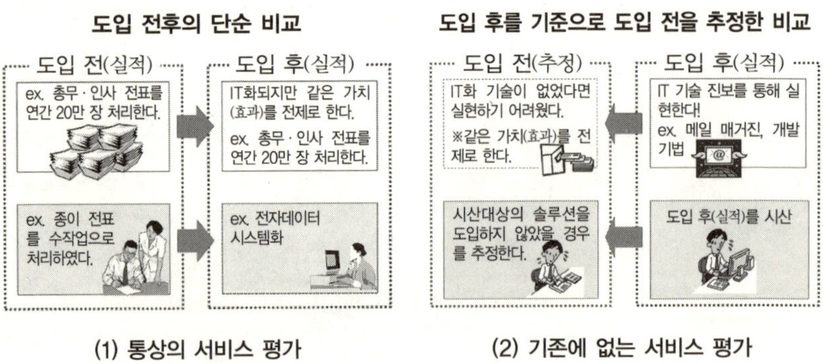

그림 2.3.2-1 기존에는 없는 서비스의 계산방법

2.3.3 환경부하를 비교할 때의 유의점

(1) ICT의 잠재능력을 심도 있게 파악

1.7절에서 설명한 바와 같이, 제2장에서 나타낸 환경부하의 계산방법을 기준으로 ICT를 평가할 때 고려하지 않았던 활동일지라도 비교평가를 실시했을 때 ICT의 잠재능력을 심도 있게 알 수 있는 활동 항목이 있다. 화상회의 시스템을 예로 들어 고찰해 보기로 한다.

2.1.3을 토대로 화상회의 시스템의 환경부하를 평가하는 경우는, **'ICT 기기 이용'**, **'네트워크 인프라 이용'**, **'소프트웨어 이용'** 등이 평가대상의 주요 활동에 해당한다.

그렇지만 화상회의 시스템(대상 ICT)과 출장회의(기준 서비스)와의 환경부하를 비교평가하는 경우, 평가대상이 되는 활동으로 **'사람의 이동'**도 고려해야 한다.

이러한 경우, 화상회의 시스템과 출장회의를 비교평가하여 화상회의 시스템에 의해 사람의 이동이 줄어든 경우 운송수단이 자가용 등의 자동차일 때는 휘발유 등의 연료 절감 등 실질적인 환경부하가 저감된다. 한편, 운송수단이 전차 등의 공공 교통기관일 때는 전차 운행이 바로 줄어드는 것이 아니므로 환경부하가 즉시 줄어들지는 않는다. 그러나 향후 화상회의 시스템 등이 보급되어 ICT 사회가 진전되면 사회의 구조변화가 커지고 이동량의 실질적 감소가 유발될 것이다.

이와 같은 평가대상의 활동은 기준 서비스와의 비교 등 ICT의 환경부하 증감 잠재력으로서 평가한다는 것을 이해해 두어야 한다.

동일한 잠재력을 갖는 활동 항목으로서 사람의 이동 이외에도 **'물자의 보관'**, **'사람의 업무'** 등도 생각할 수 있다. 자세한 내용은 1.7절을 참조하기 바란다.

(2) 새로운 비교평가 방법이 만들어진 경우

본 항은 기준 서비스의 설정이 어려운 ICT를 비교할 때 어떻게 하면 좋을지 고민하는 것과 같이 새로운 비교평가 방법을 부정하는 것은 아니다. 그렇지만 본 항의 비교평가를 비롯하여 어떤 비교평가에서나 핵심적인 논평을 통해 비교의 타당성을 검증하는 것이 바람직하다.

[参考文献]

1. 稲葉敦監修 : LCAの実務, (社) 産業環境管理協会, 2005
2. 石谷久, 赤井誠 : ISO14040/JIS Q 14040 ライフサイクルアセスメント—原則及び枠組み—, (社) 産業環境管理協会, 1999
3. (財) 日本規格協会編集 : JISハンドブック, Vol.58, 環境マネジメント2005
4. (社) 産業環境管理協会 : 情報通信技術 (ICT) サービスの環境効率事例収集及び算定基準に関する成果報告書, p.17~23, 2004
5. ソフトウェア・エンジニアリングセンター著作・監修 : ソフトウェア開発データ白書2005, (独) 情報処理推進機構
6. 並河, 平野, 田村 : 日立グループにおける環境適合設計及び環境効率の統合評価ツール開発, エコデザイン2004ジャパンシンポジウム論文集, p.86~87, 2004
7. 濱塚, 西, 谷, 臼見 : システム・サービス製品の環境影響評価手法SI-LCAの開発と事例検証, 日本LCA学会誌, Vol.2, No.3, p.281~287, 2006
8. (社) 産業環境管理協会エコリーフ環境ラベルホームページ : http://www.jemai.or.jp/ecoleaf/index.cfm
9. 朝倉ほか : 環境分析用産業連関表, 慶応義塾大学出版会, 2001
10. 南齋ほか : 産業連関表による環境負荷原単位データブック (3EID), 国立環境研究所, 2002
11. 総務省 : 平成12年産業連関表—総合解説編—, 2004
12. 総務省 : 平成12年産業連関表—計数編 (1) (2)—, 2004
13. 国立環境研究所ホームページ : http://www-cger.nies.go.jp/publication/D031/index-j.html
14. 総務省 : 日本統計年鑑, 2005
15. 「業務部門別のエネルギー消費実態調査」, IEEJ, 2001年11月掲載
16. 日本ビルヂング協会 : ビル実態調査のまとめ平成17年度版, 2006
17. 石谷久, 赤井誠監修 : ISO14040/JIS Q 14040ライフサイクルアセスメント—原則及び枠組み—, (社) 産業環境管理協会, p.67, 1999

제3장 ICT의 환경효율 평가

3.1 환경효율 · 팩터란?/3.2 ICT의 '가치' 수치화
3.3 환경효율 · 팩터의 계산

최근 환경효율을 지표의 하나로 활용하고 있는 기업이 증가하고 있다. 그 정의, 목적, 산출방법은 기업이나 사례마다 다르지만, 제품과 조직이 만들어내는 '가치'를 분자로 하고 유발하는 환경부하를 분모로 하는 둘의 비율을 가지고 환경효율을 나타내는 것이 원칙이다. 그리고 산출된 환경효율은 팩터(기준에 대해 몇 배 좋아졌는지를 나타내는 지표) 평가에 이용하는 것이 일반적이다.

제2장에서 설명한 LCA를 이용한다면 제품이나 서비스가 유발하는 환경부하를 산출할 수 있다. 그러나 예를 들어 '대상이 되는 제품의 CO_2 배출량이 기존과 비교하여 500kg 줄었다'라는 결과가 나와도 그것이 얼마만큼 효과를 가지고 있는지에 대해서는 갑자기 파악하기 어렵다. 그것을 '팩터가 2가 되었다'라고 표시한다면, '2배 좋아졌다'라고 직감적으로 파악할 수 있다. 따라서 팩터 평가는 기업과 제품의 개선에 대한 목표 설정이나 소비자에게 정보를 전달하는 수단으로서 유효하다. 또 환경효율 · 팩터 평가는 환경부하뿐만 아니라 제품과 조직이 만들어내는 가치도 함께 평가하는 것이 최대의 특징이다. 제품과 서비스가 만들어내는 가치를 어떻게 수치로 나타낼 것인가? 본 장에서는 환경효율 · 팩터 평가의 정의, 역사, ICT의 가치를 숫자로 나타내는 방법에 대해 설명하기로 한다.

3.1 환경효율 · 팩터란?

3.1.1 환경효율

'환경효율'은 '지속 가능한 발전을 위한 경제인회의(BCSD)'에 의해 제시된 개념 및 지표이다.

1992년 BCSD는 「체인징 코스(Changing Course)」라는 제목의 보고서를 발표하고, 지속 가능한 발전을 위해 기업이 중요한 역할을 담당해야 한다고 주장하면서, 기업은 경제와 환경의 양쪽에서 효율적이어야 한다는 '환경효율' 개념을 제시하였다.[1]

지속 가능한 발전의 실현에 있어서 산업계의 주도적 역할이 중요하다는 공통 인식 하에 BCSD는 '환경문제에 관한 세계 산업협의회(WICE)'와 1995년에 합병해 '지속 가능한 발전을 위한 세계 경제인회의(WBCSD)'를 발족하였다. 당초 '환경효율'은 기업이 경영활동에 의해 얻어지는 수익과 환경 보전의 균형을 추구하는 것, 다시 말해 적은 자원으로 많은 제품을 만드는 방법으로서 환경에 대한 책임을 가진다는 것으로 받아들여졌다. 그러나 이러한 발상은 점차 '자원생산성'이라는 관점에서 기술혁신의 중요성이라는 관점으로, 그리고 제품에서 서비스로 확산되었다. 또한 책임소재도 각 기업에서 업종 전체로, 나아가서 정부나 환경문제를 인식하기 시작한 소비자 전체로 확대되고 있다.[2]

또 경제개발협력기구(OECD)도 '환경효율'은 지속 가능한 발전을 실현하기 위해 유용한 개념으로서 인식하고 있다.

이와 같이 기업을 위해 기업에 의해 개발된 이 개념은 산업계를 초월하여 폭넓게 확산되고 있으며, 지속 가능한 발전의 실현을 향한 유효한 개념 및 지표로서 정부나 국제조직, 그리고 학회로 퍼져 나가고 있다.

지금부터 WBCSD에 의한 '환경효율'과 OECD에 의한 '환경효율'에 대해 설명해 보기로 한다. 그 외에도 많은 연구가 진행되고 있지만 WBCSD에 의한 개념이 가장 많이 보급되어 있다고 할 수 있다.

(1) WBCSD가 정의한 '환경효율'

WBCSD는 '환경효율'을 '인간의 니즈를 충족시킴과 동시에 생활의 질을 높이는 물자와 서비스에 있어, 그 라이프 사이클 전체에 걸친 환경에 대한 영향과 자원의 사용량을 지구가 견딜 수 있는 한도 이하로 서서히 낮추면서 경쟁력 있는 가격으로 제공함으로써 환경효율을 달성할 수 있다'라고 정의하고, 다음과 같은 수식으로 나타내고 있다.

$$\text{환경효율} = \frac{\text{제품 및 서비스의 가치}}{\text{환경영향}} \qquad \text{(식 3.1.1-1)}$$

그리고 일곱 가지 주요 측면으로서 다음과 같은 항목을 제시하고 있다.

- 고정물자와 서비스의 물질 집약도 저감
- 물자와 서비스의 에너지 집약도 저감
- 유해물질의 확산 억제
- 재료의 리사이클 가능성 향상
- 재생 가능한 자원을 최대한 활용
- 내구성 향상
- 물질과 서비스 제품의 이용 밀도 향상(즉, 공동 이용, 다기능화, 업그레이드의 간이화 등과 같은 대책에 의해 불가피한 환경영향의 저감 또는 억제를 도모하면서 고객의 부가가치를 높인다)

환경효율 외에 LCA, 환경 배려 설계(DfE), 프로덕트 스튜어드쉽(제조물 책임) 등 환경관리에 관한 방법으로서 실증을 마친 효과적인 방법이 다수 존재한다. 환경효율은 이들 외의 방법을 참고로 하고 있으며, 또 많은 공통점이 있기는 하지만 가치창조의 중시, 높고 장기적인 개선목표의 설정, 환경 퍼포먼스의 우위성과 비즈니스 우위성과의 결합, 지속 가능한 생산과 소비 지향 등 독자적인 뛰어난 특징을 가지고 있다. 그리고 고객의 니즈를 중시하여 어떤 제품을 제공할 것인지가 아니라 어떤 서비스(이용가치)를 제공할 것인지에 초점을 맞춤으로써 환경영향은 더욱 적으면서 가치는 더욱 높은 용도를 제공하고자 하고 있다.

(2) OECD가 정의한 '환경효율'

OECD는 '환경효율'을 '인간의 요구를 만족시키기 위해 유효하게 이용할 수 있는 자원의 효율성이라고 정의하고 있다. 이것은 "산출(Out put)"을 "투입(In put)"으로 나눈 비율이라고 생각할 수 있다. "산출(Out put)"이란 1기업, 1산업 부문 또는 경제 전체에서 생산된 제품과 서비스의 가치이며, "투입(In put)"이란 1기업, 1산업 부문 또는 경제 전체에서 발생하는 환경영향의 합계이다'라고 정의하고 있다.

3.1.2 팩터 4와 팩터 10

'팩터(Factor)'란 '배수'라는 의미를 나타내며, 단순 명쾌하게 배수라고 표현함으로써 구조 변화와 소비의 에콜로지화를 촉진하고자 하는 개념 및 지표를 말한다. 지금부터 '팩터' 개념의 원점에 해당하는 '팩터 10'과 '팩터 4'에 대해 설명하기로 한다.[3]

'팩터 10' 개념은 Schmidt-Bleek에 의해 주장되었다. Schmidt-Bleek는 저서『팩터 10』에서 '지구상 자원의 흐름을 지금의 반으로 줄이는 것이

지속 가능한 사회를 실현하는 가장 중요한 수단'이며, '인류의 약 20%가 자원의 80% 이상을 소비하는 현실을 혁신하여 가난한 국가들이 자신들의 현재 몫을 늘리는 것은 당연한 권리이다'라고 설명하고 있다.

'팩터 4'는 E. U von Weizsacker, A. B. Lovins, L. H. Lovins에 의해 주장되었다. '팩터 4'란 자원 투입량당의 제품 · 서비스 생산량으로 표시되는 자원생산성을 4배로 만드는 것이다. 다음과 같이 풍족함을 배로 늘리고 동시에 자연의 소비를 반으로 줄여서 실현할 수 있다.[4]

$$\text{팩터 4} = \frac{\text{풍족함을 2배로}}{\text{자원 소비를 반으로}} \qquad \text{(식 3.1.2-1)}$$

3.1.3 팩터 X

야마모토 외 다수는 이들 '환경효율'과 '팩터 4' 및 '팩터 10'의 개념을 발전시켜 다음 식의 '환경효율'과 그 향상 배율인 '팩터 X'를 주장하였다.[5, 6]

$$\text{환경효율} = \frac{\text{제품 및 서비스의 가치}}{\text{환경영향}} \qquad \text{(식 3.1.3-1)}$$

$$\text{팩터 X} = \frac{\text{평가제품의 환경효율}}{\text{기준제품의 환경효율}} \qquad \text{(식 3.1.3-2)}$$

'팩터 X(환경효율)'는 제품 및 서비스의 가치를 향상시키면서 환경영향을 낮춤으로써 가능하다. 즉, 기술진보를 제품 및 서비스가 가지는 가치와 환경영향이라는 양면에서 평가할 수 있는 지표라고 할 수 있다. 그리고 팩터 X의 수치에 의한 표현은 단순하고 알기 쉬워 향후 소비자에 대한 커뮤니케이션 도구로서 기대가 크다.

3.1.4. 제품의 환경효율 및 팩터에 관한 동향

현재 대부분의 대학이나 연구기관, 기업에서 환경효율이나 팩터에 관한 여러 가지 연구가 진행되고 있다. 개념은 유럽을 중심으로 시작되었지만 그 구체화에 있어서는 일본의 실천 노력이 가장 앞서 있다고 말할 수 있다. 일본에서는 2001년부터 경제산업성에 의해 환경효율 및 팩터의 연구 및 보급을 도모하기 위한 실천(통칭, 환경효율 프로젝트)이 시작되었고, 2004년 10월에는 '일본 환경효율 포럼'이 설립되었다.[7,8] 2004년 3월에는 환경효율 프로젝트에서 『환경효율 팩터의 입문』[9]이 2006년 3월에는 일본 환경효율 포럼에서 『ICT의 환경효율 평가 가이드라인』이 각각 발행되었다.[10] 이 포럼에서는, 환경효율(팩터) 활동의 추진이나 환경효율(팩터) 지표를, 환경 배려형 제품을 사회에 보급하기 위한 지표로서 활용하는 대책 등에 대해 논의가 지속되고 있다.

3.1.5 ICT의 환경효율 및 팩터

ICT의 환경효율 및 팩터는 다음과 같이 정의할 수 있다.[10]

$$\text{ICT의 환경효율} = \frac{\text{ICT가 제공하는 가치}}{\text{ICT의 기능 단위당 환경부하}} \qquad \text{(식 3.1.5-1)}$$

$$\text{ICT의 팩터} = \frac{\text{대상 ICT의 환경효율}}{\text{기준 서비스의 환경효율}} \qquad \text{(식 3.1.5-2)}$$

칼럼

환경효율에서 '효율'이 의미하는 것

일본의 이와나미 국어사전에서는 '효율'을 '기계가 유효하게 작동하여 얻은 일의 양과 거기에 공급한 총 에너지의 비율'이라고 설명하고 있다.[11] 이 효율을 사용한 예로서는 열효율, 발전효율 등이 있다. 그 외 '생산효율', '업무효율' 등의 사용 예도 있으며, 일반적으로 효율은 '입력에 대한 유효출력 비율'이라고 정의할 수 있다. '환경효율'도 환경부하라는 대가 = 입력에 대한, 제품에 의해 얻어지는 여러 가지 가치 = 유효출력 비율이라고 보면, '효율'의 한 종류로서 간주할 수 있다.

3.2 ICT의 '가치' 수치화

ICT의 환경효율은 3.1절에서 설명한 바와 같이, 'ICT가 제공하는 가치(분자)' ÷ 'ICT의 기능 단위당 환경부하(분모)'로 표시된다. 'ICT의 기능 단위당 환경부하(분모)'의 산출방법에 대해서는 제2장에 자세하게 설명되어 있으므로 참조하기 바란다. 본 절에서는 'ICT가 제공하는 가치(분자)'의 결정방법과 가치를 숫자로 나타내는 방법에 대해 설명하기로 한다.

ICT에는 문서관리 시스템, 화상전화, 화상회의, e-러닝 시스템 등 여러 가지 애플리케이션이 존재하며, 각각 다른 가치를 가지고 있다. 예를 들어 문서관리 시스템의 경우는 "정보 입수의 용이함"과 "정보 보안도" 등, e-러닝 시스템의 경우는 "이해도"와 "익숙도" 등을 들 수 있다. 또 환경효율을 활용하는 대상자(누구를 위한 지표인가)에 따라 가치가 달라지는 경우도 있다. 예를 들어 화상회의의 경우, 회의 참가자에 있어서는 "회의의 달성도"와 "쾌적도"를 가치로서 들 수 있는 반면, 경영자에게 있어서는 "노동생산성" 등을 가치로서 들 수 있다.

따라서 평가할 ICT의 특징과 기능 단위, 시스템 경계 및 누구를 대상으로 나타낼 것인지 명확하게 한 후에 가치를 결정하고, 그에 적당한 지표를 선택하는 것이 중요하다.

ICT의 가치를 숫자로 나타내는 지표에는 1) 물리적 지표, 2) 감각적 지표, 3) 경제적 지표의 3종류가 존재한다.

1) 물리적 지표

통신속도, 수강자 수, 동시 통화자 수, 데이터량 등의 물리량으로 가치를 나타내는 지표이다. 물리적 지표로서는 설정한 기능 단위의 요소, 또는 기능 단위로서는 명시되어 있지 않지만 중요한 기능 중에서 평가할 ICT의 가치로서 적절하다고 생각되는 지표를 선택하게 된다. 이때 제품 카탈로그 등 일반에게 공개하고 있는 것을 지표로 선택할 수 있다면 투명성 · 신뢰성을 높일 수 있다.

가치를 하나의 물리량으로 대표하여 나타낼 수 있는 경우도 있지만, 여러 개의 물리량으로 나타내는 것이 적당한 경우도 있다. 2개 이상의 물리량으로 가치를 나타내는 경우에는 어떤 방법으로든 통합해야 한다. 통합화의 방법으로는 (a) 곱셈, (b) 제곱화의 평방근, (c) 가중치 부여 가산 등을 들 수 있다.

(a) 곱셈

여러 개의 지표 V_1, V_2, V_3 … 을 곱하여 하나의 지표로 통합하는 방법이 있다. 식으로 나타내면 다음과 같다.

$$V = V_1 \times V_2 \times V_3 \times \cdots$$

(b) 제곱화의 평방근

각 지표 $V_1, V_2, V_3 \cdots$ 를 제곱한 후 합계를 내고, 이 합계 값의 평방근으로 통합하는 방법이다. 식으로 나타내면 다음과 같다.

$$V = \sqrt{V_1^2 + V_2^2 + V_3^2 + \cdots}$$

(c) 가중치 부여 가산

각 지표 $V_1, V_2, V_3 \cdots$에 대해 가중치 부여 계수 $\alpha_1, \alpha_2, \alpha_3 \cdots$ 을 곱한 후 더하여 통합하는 방법이다. 식으로 나타내면 다음과 같다.

$$V = \alpha_1 \times V_1 + \alpha_2 \times V_2 + \alpha_3 \times V_3 + \cdots$$

가중치 부여 계수 $\alpha_1, \alpha_2, \alpha_3 \cdots$ 는 각 지표의 중요도에 따라 부여하며, 그 결정방법으로서 QFD(품질기능 전개)를 이용한 방법[12] 등을 들 수 있다.

한편 각 지표의 중요도가 같은 경우는 $\alpha_1 = \alpha_2 = \alpha_3 = 1$로서 다음과 같이 단순한 덧셈식으로 나타낸다.

$$V = V_1 + V_2 + V_3 + \cdots$$

(a), (b), (c)의 어느 방법으로 나타내든지 유사한 지표를 통합함으로써 발생하는 과대평가를 피하기 위하여 가능한 독립된 지표를 채택하는 것이 바람직하다.

2) 감각적 지표

'사용하기 쉽다', '알아보기 쉽다' 등 감각적인 가치를 나타내는 지표이다. 예를 들어 화상회의는 전송속도와 화질, 음질 등의 물리량으로 가치를 평가하는 것도 가능하지만, 회의의 달성도와 만족도 등의 감각적인 가치로 나타내는 것도 가능하다. 감각적인 가치는 시장조사와 관능평가(또는 관능검사) 방법 등[13]에 의해 수치화할 수 있다.

감각적 지표도 여러 개로 나타낼 경우에는 1)과 같이 (a) 곱셈, (b) 제곱화의 평방근, (c) 가중치 부여 가산 등의 방법으로 통합하도록 한다.

3) 경제적 지표

제품과 서비스의 가격, 노동생산성(노동투입량당 생산량) 등 경제적인 가치를 나타내는 지표이다. 경쟁적 시장에서는 그 제품과 서비스가 가져다 주는 어떠한 편익이라도 모두 일괄적으로(즉, 1) 물리적 지표와 2) 감각적 지표를 모두 감안하여) 시장가격이 결정된다고 가정할 수 있다. 단, 규제 등 정부가 개입한 경우, 과점상태인 경우, 서비스와 제품의 제공자와 소비자에게 정보 불균형이 존재하는 경우는 시장가격을 그대로 가치로서 간주할 수 없는 경우가 있기 때문에 그 타당성을 판단해야 한다.

표 3.2.1은 'ICT가 제공하는 가치(분자)'에 이용하는 지표의 예를 나타낸 것이다. 여기에 나타낸 지표는 어디까지나 예이므로 이에 한정되는 것은 아니다. 또 여러 가지 지표가 예시되어 있는 경우도 있지만, 통합하여 사용하는 것도 가능하고 어느 하나를 대표하여 사용하는 것도 가능하다. 예를 들어 4.2절의 사례에서는 화상회의의 가치를 나타내는 지표로, 화상회의의 기능 가치 = 달성도 × 쾌적도 × 만족도를 사용하였다.

표 3.2.1 **애플리케이션의 기능 구조**[2]

애플리케이션	레벨	누구를 위한 지표	지표를 사용하는 목적	분자에 이용하는 지표
화상회의	제품	경영자	제품의 우수함(가치)과 환경에 대한 공헌의 판단	노동생산성(경제적 가치)
		회의 실시자		회의의 달성도, 쾌적도, 이해도, 만족도 등(감각적 가치)
인터넷 접속	제품	소비자	제품의 우수함(가치)과 환경에 대한 공헌의 판단	통신속도(물리적 가치), 접속의 용이함(감각적 가치)
공급망 관리	회사 · 사무소	경영자	회사(사업)의 수익성과 환경부하 유발량 파악	노동생산성, 상품회전율 등(경제적 가치)
문서관리 시스템	회사 · 사무소	경영자, 관리자(기숙사 등의 시스템 도입자)	제품의 우수함(가치)과 환경에 대한 공헌의 판단	정보 보안도(물리적 가치 및 감각적 가치) 정보검색 히트율(경제적 가치) 정보입수의 용이함(감각적 가치)
멀티미디어 교육 시스템	회사 · 사무소	경영자, 사업자, 각 관리주체	제품의 우수함(가치)과 환경에 대한 공헌의 판단	습득도(감각적 가치)
			회사(사업)의 발전성과 환경에 대한 공헌의 판단	수강생 수(물리적 가치) 연간 매상고(경제적 가치)
도서관 관리 시스템	회사, 자치단체, 학교	경영자, 사업자, 각 관리주체	관리주체의 서비스 향상과 환경에 대한 공헌의 판단	자료회전 수(물리적 가치)
전자페이퍼(포스터) 시스템	회사 · 사무소	경영자, 사업자	제품의 우수함(가치)과 환경에 대한 공헌의 판단	알아보기 쉬운 정도(감각적 가치)

칼럼

가치 선택에 있어서의 유의사항

분모인 'ICT의 기능 단위당 환경부하'의 평가대상이 되는 활동은 2.1.3에 자세하게 설명되어 있다. 예를 들어 분모에서 평가대상이 되는 활동을 분자인 'ICT가 제공하는 가치'에서도 평가한다면 분자와 분모에서 이중으로 계산되는 것이다. 따라서 2.1.3에 설명되어 있는 바와 같이 환경부하를 유발하는 활동과 직접적인 종속관계(분모와 분자가 비례 · 반비례 관계 등)에 있는 활동을 'ICT가 제공하는 가치'의 지표로서 선택하는 것은 피해야 한다.

다음은 바람직하지 않은 예를 나타낸 것이다.

- ICT 기기 가동에 의한 전력소비에서 발생되는 이산화탄소(CO_2)를 환경부하(분모)에 계산하고, ICT 기기 가동에 의한 전기료를 가치(분자)에 계산한다.
- 종이 사용에 기인하여 발생하는 CO_2를 환경부하(분모)에 계산하고, 종이 절감량을 가치(분자)에 계산한다.
- 출장에 기인하여 발생하는 CO_2를 환경부하(분모)에 계산하고, 출장비용의 절감을 가치(분자)에 계산한다.
- 물자의 보관공간에 기인하여 발생하는 CO_2를 환경부하(분모)에 계산하고, 보관공간의 토지비와 장소 임대료의 절감을 가치(분자)에 계산한다.

3.3 환경효율 · 팩터의 계산

대부분의 기업에 있어서 환경효율에 대한 개념의 도입과 지표 검토는 시작에 불과하므로, 현 시점에서는 환경효율 지표의 산출방법에 대한 투명성 확보와 신뢰성 향상이 최대의 과제라고 생각된다. 특히 기업의 편의대로 정의하고 환경효율 지표를 만들어낸 것이 아니라는 점을 강조하기 위해서는 공통의 원칙에 기준한 지표를 이용하는 것이 바람직하다. 본 항에서는 환경효율과 팩터를 어떻게 계산하는지에 대해 설명하기로 한다.

3.3.1 환경효율의 계산

(1) 환경효율의 정의화

ICT의 환경효율은 다음과 같은 식으로 계산할 수 있다.

$$\text{ICT의 환경효율} = \frac{\text{ICT가 제공하는 가치}}{\text{ICT의 기능 단위당 환경부하}} \qquad \text{(식 3.3.1-1)}$$

- 'ICT가 제공하는 가치'는 기능 단위로 나타낼 수 없는 ICT가 제공하는 가치를 정량적으로 표현한 지표이다. 3.2절에서 설명한 방법으로 계산한다.
- 'ICT의 기능 단위당 환경부하'는 제2장에서 설명한 방법으로 계산한다.

(2) 환경효율을 계산할 때의 유의사항

(1)의 계산식에서 ICT의 환경효율을 산출할 때의 유의사항은 다음과 같다(**그림 3.3.1-1**).

a. 환경효율을 산출할 대상(제품, 사업체, 국가 등)의 레벨, 누구에게 공표할 것인지 및 목적을 명시할 것.

b. 분모인 'ICT의 기능 단위당 환경부하' 평가 시에 설정한 기능 단위에 유의하여 분자인 'ICT가 제공하는 가치'를 평가할 것.

c. 분모인 'ICT의 기능 단위당 환경부하' 평가 시에 설정한 시스템 경계를 고려하여 분자인 'ICT가 제공하는 가치'를 평가할 것.

▼ 그림 3.3.1-1 환경효율의 비교 평가 시 유의점

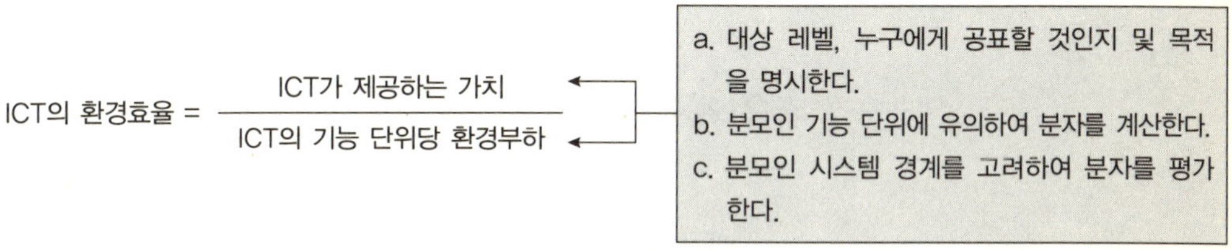

b.에 대해 설명하고자 한다. 예를 들어 e-러닝 등의 교육 ICT 시스템의 환경부하를 계산하기 위해 'e-러닝 ◯◯시스템을 사용하여 △△회사의 사원 100명이 자신의 PC에서 1년간 1인당 4회(1회당 2시간)의 연수를 수강한다'와 같이 기능 단위를 설정한 경우를 고찰해 보자. 'ICT가 제공하는 가치'로서 "습득도" 등의 감각적 가치를 지표로 한 경우, 상기의 기능 단위로 표현할 수 없다. 한편 "총 수강생 수" 등과 같은 물리적 가치를

지표로 한 경우, 가치는 100명×4회/년/명 = 400회/년이 되므로 환경부하 평가의 기능 단위와 일치시켜야 한다. 이와 같은 상황이 발생하기 때문에 ICT가 제공하는 가치를 산출할 때는 'ICT의 기능 단위당 환경부하'의 기능 단위에 "유의" 하여 'ICT가 제공하는 가치' 를 평가해야 한다.

다음으로 c.에 대해 설명하고자 한다. 'ICT의 기능 단위당 환경부하' 평가에서 설정한 시스템 경계와 동떨어진 범위에서 'ICT가 제공하는 가치' 를 평가한 경우 거기에서 계산된 환경효율은 전혀 의미가 없을 수 있다. 예를 들어 분모를 평가할 때 설정한 라이프 사이클 단계는 사용단계에서, 분자의 경우는 폐기단계에서 가치를 평가하는 등의 경우가 이에 해당한다. 한편 예를 들어 'ICT가 제공하는 가치' 로서 "통신속도" 등의 물리적 가치나 "접속의 용이함" 등의 감각적 가치 등을 지표로 한 경우, 'ICT의 기능 단위당 환경부하' 의 시스템 경계를 분모에서 일치시킬 수 없는 경우도 있다. 따라서 'ICT가 제공하는 가치' 를 평가할 때는 'ICT의 기능 단위당 환경부하' 의 시스템 경계를 "고려" 하면서 신중하게 환경효율을 계산해야 한다.

3.3.2 팩터를 계산한다

본 항은 3.1절에서 설명한 팩터의 계산방법에 대해 설명하고자 한다. 3.1절에 나타낸 바와 같이 팩터는 다음과 같은 계산식으로 표시된다.

$$\text{팩터} = \frac{\text{대상 ICT의 환경효율}}{\text{기준 서비스의 환경효율}} \qquad \text{(식 3.3.2-1)}$$

이 식을 보면 알 수 있겠지만, 팩터란 환경효율을 비교평가하는 것이다.

환경효율의 분모는 'ICT의 기능 단위당 환경부하'이며, 이는 제2장에 의거하여 평가한다. 2.3.1에서 언급한 ISO14040/JIS Q 14040 시리즈에 준해야 한다. 팩터(환경효율의 비교평가)를 위해 분모끼리는 2.3.1과 2.3.3에 기재되어 있는 원칙과 유의점을 참조하기 바란다.

그 밖에 팩터를 계산할 때의 원칙으로서, '대상 ICT의 환경효율'의 분자인 'ICT가 제공하는 가치'와 '기준 서비스의 환경효율'의 분자인 'ICT가 제공하는 가치'에 있어 각각의 단위를 일치시켜야 한다(**그림 3.3.2-1**). 한 쪽의 환경효율에서는 가치의 단위를 "원"으로 계산하고, 다른 한 쪽의 환경효율에서는 가치의 단위를 "kbps"로 계산하여 비교하는 것은 당연히 아무 의미를 갖지 못한다. 또 만원과 백만원, kbps와 Mbps 등 다른 보조단위로 비교하는 실수를 범하지 않도록 주의해야 할 것이다.

▼ 그림 3.3.2-1 환경효율의 비교 평가 시 유의점

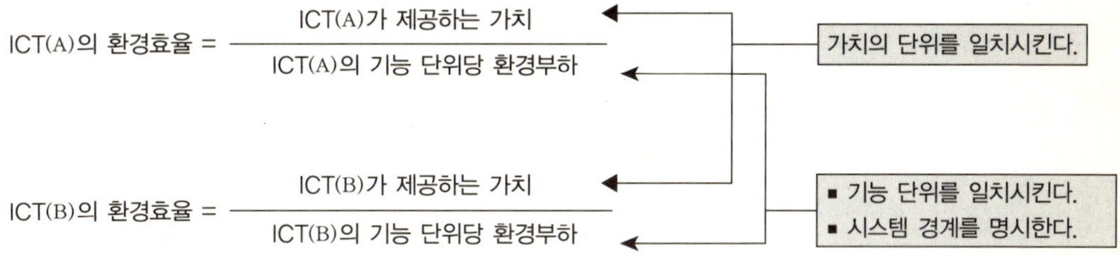

[参考文献]

1. S. Schmidheiny, BCSD, BCSD日本ワーキング・グループ訳 ： チェンジング・コース—持続可能な開発への挑戦, ダイヤモンド社, 1992
2. L. D. DeSimone, F. Popoff, 山本良一監訳 : WBCSD, エコ・エフィシェンシーへの挑戦 ; 持続可能発展のための産業界のリーダーシップ, 日科技連出版社, 1998
3. F. Schmidt-Bleek, 佐々木健訳 : ファクター—10—エコ効率革命を実現する, シュプリンガー・フェアラーク東京, 1997
4. E. U. von Weizsacker, A. B. Lovins, L. H. Lovins, 佐々木健訳 : ファクター—4—豊かさを2倍に, 資源消費を半分に, (財) 省エネルギーセンター, 1998
5. 山本良一 : 戦略環境経営 エコデザイン ベストプラクティス100, ダイヤモンド

社, 1999

6. 山本良一 : サステナブル・カンパニー. ダイヤモンド社, 2001

7. (社) 産業環境管理協会 : 平成13年度経済産業省委託 環境調和型事業活動導入促進調査 (環境調和型製品設計) 報告書, 2002

8. (社) 産業環境管理協会 : 平成14年度経済産業省委託 環境調和型事業活動導入促進調査 (環境効率調査) 報告書, 2003

9. (社) 産業環境管理協会 : 環境効率ファクターの手引き, 2004

10. (社) 産業環境管理協会 : ICTの環境効率評価ガイドライン, 2005

11. 西尾実ほか : 岩波国語辞典第6版, 2000

12. 製品ライフサイクルプランニング, オーム社, 2003

13. 日科技連官能検査委員会編 : 官能検査ハンドブック, 日科技連出版社, 1973

제4장 ICT의 환경부하 평가의 실시 예

4.1 FLET'S 서비스(NTT)/**4.2 화상회의 시스템**(NTT)/**4.3 설계 · 개발 프로젝트 관리 솔루션**(도시바)
4.4 직업성 스트레스 간이진단 시스템(후지쯔)/**4.5 전자장부 시스템**(히타치 소프트웨어 엔지니어링)
4.6 도서관리 시스템(히타치 시스템 & 서비스)/**4.7 차세대형 환경정보관리 솔루션**(NEC)
4.8 문서관리 · 활용 소프트웨어(후지 제록스)/**4.9 카탈로그 공유 서비스**(캐논)
4.10 정보의 공유화 시스템(후지쯔)

본 장에서는 ICT의 환경부하 평가, 그리고 환경효율 · 팩터 평가의 사례를 소개하고자 한다. 통신에 관한 ICT로서 'FLET'S 서비스(NTT)', '화상회의 시스템(NTT)', 프로젝트 관리에 관한 ICT로서 '설계 · 개발 프로젝트 관리 솔루션(도시바)', 데이터 및 정보관리에 관한 ICT로서 '직업성 스트레스 간이진단 시스템(후지쯔)', '전자장부 시스템(히타치 소프트웨어 엔지니어링)', '도서관리 시스템(히타치 시스템 앤드 서비스)', '차세대형 환경정보관리 솔루션(NEC)', '문서관리 · 활용 소프트웨어(후지 제록스)', '카탈로그 공유 서비스(캐논)', '정보의 공유화 시스템(후지쯔)'이 사례로 소개되어 있다.

이들 사례는 원칙적으로 제2장, 제3장에서 설명한 평가방법을 기준으로 하고 있다. 앞 장에서 설명했던 사항이 각 사례에 있어서 구체적으로 어떻게 실시되고 있는지를 살펴본다면 더욱 이해가 빠를 것이다.

【통신에 관한 ICT】

4.1 FLET'S 서비스(NTT)

4.1.1 FLET'S 서비스(NTT)

FLET'S 서비스란 히가시니폰 전신전화(주)(NTT 히가시니폰)가 제공하는 서비스로서, 월 사용료가 정액제인 인터넷에 접속하기 위한 통신회선을 제공하는 서비스를 말한다. FLET'S 서비스란 다음과 같다.

a. FLET'S · ISDN : ISDN 회선으로 인터넷에 접속하기 위한 통신회선 제공 서비스
b. FLET'S · ADSL : ADSL 회선으로 고속 인터넷에 접속하기 위한 통신회선 제공 서비스
c. B FLET'S : 광케이블로 초고속 인터넷에 접속하기 위한 통신회선 제공 서비스

4.1.2 FLET'S 서비스의 환경부하 평가

(1) 평가의 목적

평가의 목적은 영업지역 내의 고객이 서비스를 선택하는 데 있어 참고가 되는 정보를 제공하기 위해서이다. 환경부하를 산출하는 대상은 NTT 히가시니폰이 제공하는 FLET'S 서비스(FLET'S · ISDN, FLET'S · ADSL (MORE), B FLET'S(패밀리 타입))이며, 그 범위는 NTT 히가시니폰의 영업지역에 해당된다.

(2) 기능 단위

기능 단위는 '한 명의 사용자가 FLET'S 서비스를 이용하여 매일 2시간의 인터넷 접속으로 50MB/일의 데이터를 1년간 송수신한다'이다.

(3) 시스템 경계

그림 4.1.2-1은 평가모델을 나타낸 것이다. 본 모델에는 서비스를 제공하기 위한 기본적인 설비와 장치가 포함되어 있으며, 구체적으로는 가입자 설비(퍼스널 컴퓨터(이하 PC라고 함), 가입자 회선 종단장치와 ADSL 모뎀, 광망 종단장치 등), 액세스 설비(가입자 수용 장치와 국내 다중화 장치, 광가입자 종단장치, 금속 케이블, 광케이블, 전주, 맨홀, 관로 등), 중단 설비(LAN 스위치, 라우터, 전원 · 공조 설비 등)로 구성되어 있다. 참고로 본 모델은 수도

▼ **그림 4.1.2-1**
FLET'S 서비스 평가모델

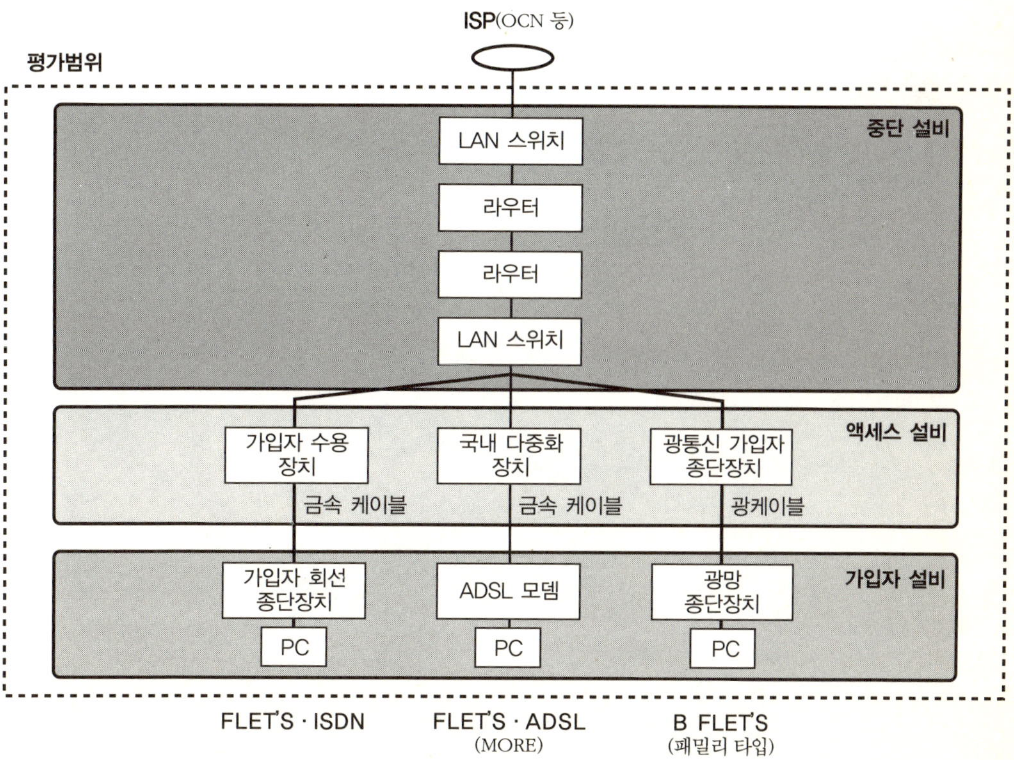

권에서의 실제 망 설비를 토대로 하고 있는데, 보수운용 설비와 사용자 관리를 위한 설비 등 환경영향이 매우 적은 설비는 제외하였다. 가입자 설비의 사용자 단말은 데스크탑형 PC와 노트북형 PC를 상정하고, PC의 환경부하는 데스크탑형 PC와 노트북형 PC의 평균값을 이용하였다. 또 가입자 회선 종단장치와 ADSL 모뎀, 광망 종단장치는 하루 종일 통전 상태인 것으로 간주하였다.

라이프 사이클 단계는 각 설비의 '제조' 단계(설비 제조, 부설), '사용' 단계, 각 설비의 '폐기 · 리사이클' 단계(철거, 폐기 · 리사이클)로서 **그림 4.1.2-2**와 같다.

또 평가결과로서 '리사이클에 의한 회수'를 나타내고 있는데, 이것은 리사이클했을 때 사회의 환경부하를 저감시킬 수 있는 효과로서 환경부하 저감량을 마이너스 값으로 표시하였다. 예를 들어 제품 중의 철을 선철로 리사이클한 경우, 리사이클 처리에 필요한 환경부하는 '폐기 · 리사이클'

▶ 그림 4.1.2-2 라이프 사이클 단계

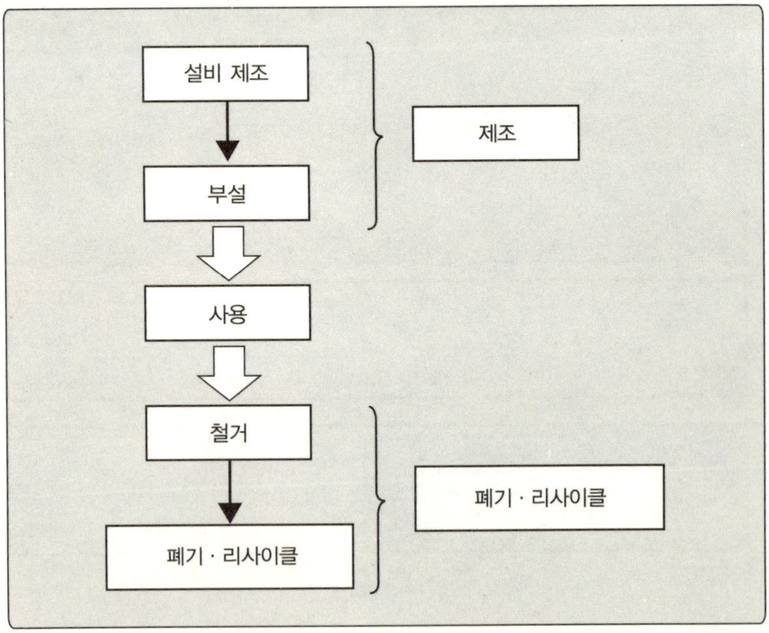

표 4.1.2-1 **라이프 사이클 단계와 평가대상 · 활동의 관계**

[범례 (○ : 평가대상, — : 평가대상 외)]

라이프 사이클 단계 / 활동	조달※※	설계 · 개발 · 제조※※※	출하	유통※※※	설치※※※	기동 작업	운용	회수※※※	폐기 · 리사이클
ICT 기기 이용※	○	—	—	—	—	—	○	○	○
네트워크 인프라 이용※	○	○※※※※	—	○	○	—	○	○	○

※ 'ICT 기기 이용'은 **그림 4.1.2-1**의 가입자 설비에 해당한다.
'네트워크 인프라 이용'은 **그림 4.1.2-1**의 액세스 설비와 중단 설비에 해당한다.

※※ 'ICT 기기 이용'의 '조달'은 FLET'S 서비스를 이용하는 고객이 PC 등의 ICT 기기를 구입하는 것이므로 **그림 4.1.2-2**의 '제조'에 해당하며, '네트워크 인프라 이용'의 '조달'은 네트워크 인프라 회사(NTT)가 통신설비를 조달하는 것이므로 **그림 4.1.2-2**의 '설비 제조'에 해당한다.

※※※ '회수'는 **그림 4.1.2-2**의 '철거'에 해당한다. 또 '네트워크 인프라 이용'의 '제조', '유통', '설치'는 **그림 4.1.2-2**의 '부설'에 해당한다.

※※※※ 설계 · 개발은 본 평가에 포함되지 않는다.

단계에 계산하고, 선철의 제조 원단위에 리사이클로 얻어진 선철의 물량을 곱하여 '리사이클에 의한 회수'로서 마이너스 값을 표시한다.

표 4.1.2-1은 라이프 사이클 단계와 평가대상 · 활동의 관계를 나타낸 것이다.

각 FLET'S 서비스의 환경부하에 대해 다음과 같이 평가하였다.

a. 가입자 설비 : 설정한 기능 단위를 기준으로 PC는 1일 2시간 이용, 가입자 회선 종단장치와 ADSL 모뎀, 광망 종단장치 등은 1일 24시간 이용한 경우의 1년간 환경부하를 평가하였다.
b. 액세스 설비 : 설비에 수용되어 있는 가입자 수로 배분하여 가입자 한 명당 1년간의 환경부하를 평가하였다.
c. 중단 설비 : 설정한 기능 단위를 기준으로 1일 50MB의 정보량에 있어서 1년간의 환경부하를 평가하였다.

(4) 인벤토리 분석에 사용한 원단위

본 평가에서 사용한 원단위는 ICT 기기와 네트워크 인프라를 구성하는 통신설비, 또는 거기에서 이용한 소재의 원단위이며, 기본적으로 적상법에 의해 산출하고 있다. 적상법에 의한 산출이 어려운 경우는 도시바 제품인 Easy-LCA 및 NEC 제품인 LCA SUPPORT를 이용하여 산출하였다.

(5) 환경부하의 평가결과

그림 4.1.2-3은 환경부하의 평가결과를 나타낸 것이다.

a. FLET'S · ISDN : 이산화탄소(CO_2) 배출량은 89.1kg-CO_2/년/사용자이며, 리사이클에 의한 회수를 포함한 환경부하는 83.2kg-CO_2/년/사용자로 나타났다. CO_2 배출량의 비율은 제조단계에서 약 22%, 사용단계에서 약 76%, 폐기 · 리사이클 단계에서 약 2%로 나타났다.

b. FLET'S · ADSL(MORE) : CO_2 배출량은 112.6kg-CO_2/년/사용자이며,

▼ 그림 4.1.2-3 FLET'S 서비스의 환경부하 평가결과

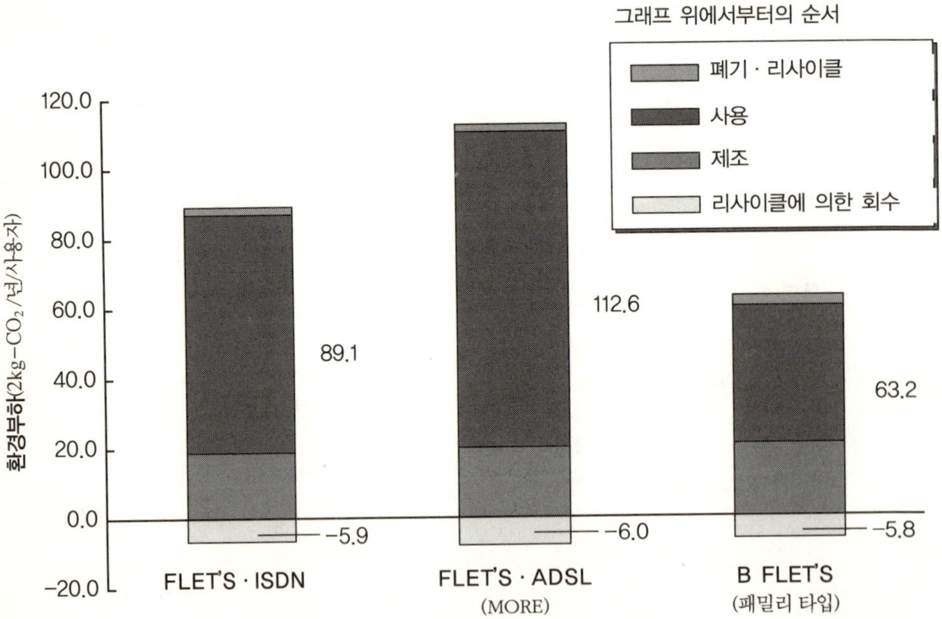

리사이클에 의한 회수를 포함한 환경부하는 106.6kg-CO_2/년/사용자로 나타났다. CO_2 배출량의 비율은 제조단계에서 약 18%, 사용단계에서 약 80%, 폐기 · 리사이클 단계에서 약 2%로 나타났다.

c. B FLET'S(패밀리 타입) : CO_2 배출량은 63.2kg-CO_2/년/사용자이며, 리사이클에 의한 회수를 포함한 환경부하는 57.4kg-CO_2/년/사용자로 나타났다. CO_2 배출량의 비율은 제조단계에서 약 33%, 사용단계에서 약 63%, 폐기 · 리사이클 단계에서 약 4%로 나타났다.

4.1.3 FLET'S 서비스의 환경효율, 팩터 평가

(1) 평가의 목적

평가는 영업지역 내의 고객이 서비스를 선택하는 데 있어 참고가 되는 정보를 제공하기 위해서이다. 환경부하 산출대상은 NTT 히가시니폰이 제공하는 FLET'S 서비스(FLET'S · ISDN, FLET'S · ADSL(MORE), B FLET'S(패밀리 타입))이며, 그 범위는 NTT 히가시니폰의 영업지역에 해당된다.

(2) FLET'S 서비스의 '가치'

인터넷 접속회선의 가치로서, 정보를 전송하는 성능을 나타내는 통신속도(최대 전송속도)를 물리적인 지표로 표시하였다. 데이터를 송신할 때의 통신속도(상향속도)와 데이터를 수신할 때의 통신속도(하향속도)가 다른 경우 상향속도와 하향속도의 평균값을 통신속도로 간주한다. 단위는 kbps이다(**표 4.1.3-1**).

표 4.1.3-1 FLET'S 서비스의 환경부하, 환경효율의 비교평가

지표	단위	FLET'S 서비스		
		FLET'S · ISDN	FLET'S · ADSL (MORE)	B FLET'S (패밀리 타입)
가치 (최대 전송속도)	kbps	64.0	6,500※	100,000
환경부하	kg-CO_2	83.2	106.6	57.4
환경효율	kbps/kg-CO_2	0.769	61.0	1,740
환경효율 비교평가 (팩터 평가)	–	1	79.3	2,260

※ 상향속도(1kbps)와 하향속도(12kbps)의 평균값

상기 지표를 이용한 공개자료로서 「NTT 그룹 CSR 보고서 2005」를 예로 들 수 있다.[1]

(3) 평가방법

환경효율의 비교평가는 FLET'S · ISDN을 기준으로 실시하였다. 비교하는 각 FLET'S 서비스의 기능 단위는 환경부하 평가에서 설정한 기능 단위와 일치시켰다. 또 시스템 경계의 경우도 환경부하 평가에서 설정한 시스템 경계와 같다.

(4) 평가결과

1) 환경효율의 평가결과

FLET'S 서비스가 제공하는 가치로서 통신속도를 지표로 한 환경효율은 FLET'S · ISDN에서 0.769kbps/kg-CO_2, FLET'S · ADSL(MORE)에서 61.0kbps/kg-CO_2, B FLET'S(패밀리 타입)에서 1,740kbps/kg-CO_2로 나타났으며, 환경부하가 가장 작으면서 통신속도가 가장 빠른 B FLET'S(패밀리 타입)의 환경효율이 가장 높았다(**표 4.1.3-1**).

2) 환경효율의 비교평가 결과

환경효율의 비교평가(팩터 평가)에서는 FLET'S · ISDN을 기준 서비스로 하였다. FLET'S · ADSL(MORE)이 79.3, B FLET'S(패밀리 타입)이 2,260으로 나타났다(**표 4.1.3-1**).

4.2 화상회의 시스템(NTT)

4.2.1 화상회의 시스템의 개요

ICT를 활용한 화상회의 시스템(사람의 이동이 따르지 않음)의 팩터에 대해 이동이 따르는 출장회의를 기준 시스템으로 하여(**그림 4.2.1-1**) 산출하였다.

▼ 그림 4.2.1-1 화상회의 시스템과 출장회의

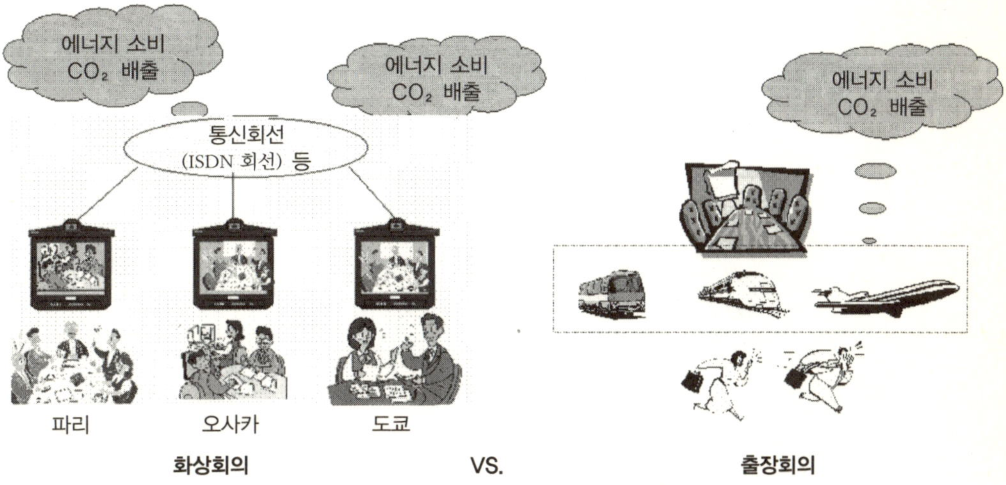

4.2.2 화상회의 시스템의 환경부하 평가

(1) 평가의 목적

화상회의와 같은 ICT 서비스는 출장에 의한 사람의 이동이 사라지면서 교통기관을 이용하지 않았기 때문에 환경부하를 줄이는 것으로 생각할 수 있다. 한편 ICT 서비스로 효율화되어 생긴 시간과 돈을 활용하여 새로운 기업행동이 발생하고, 거기에 새로운 환경부하가 발생한다. 그러나 이와 같은 "파급효과" 를 정량적으로 밝힌 보고 예는 많지 않다. 여기서는 환경 저부하 사회를 지향하는 정책 담당자와 기업 담당자가 화상회의의 보급이 사회 전체에 미친 영향을 파악하는 것을 목적으로 "파급효과" 를 고려한 평가를 실시하였다.

(2) 기능 단위

화상회의와 출장회의의 기능 단위는, '음성 및 영상 정보를 교환하여 회의를 1회 실시하는 것' 으로 설정하였다.

(3) 시스템 경계

환경부하 산정에서는 1차 영향(실질효과), 2차 영향(부수효과) 및 3차 영향(파급효과)을 고려하였다(**그림 4.2.2-1**). 참조 실험을 위해 기존법(파급효과를 포함하지 않음)에서의 환경부하도 계산하였다.

지금까지의 검토에 있어서는 대부분 1차 및 2차 영향만을 고려하였다.[2] 1차 영향이란 소위 직접적인 영향이라고도 불리며, 출장회의의 경우는 이동할 때의 자동차나 회의실 이용에 기인하는 환경부하가 해당된다. 단, 도로 · 역 등의 교통 인프라는 포함시키지 않는다.

화상회의의 경우는 정보통신 네트워크 및 정보통신기기에 기인하는 환경부하가 1차 영향에 해당된다. 2차 영향으로서는 공공 교통기관이나 건물에 기인하는 환경부하가 해당되는데, 아직까지 절감효과는 없지만 향후 보급이 진전된다면 공공 교통기관이나 건물의 효율적 운용 등에 의해 절감효과를 기대할 수 있을 것이다. 3차 영향은 행동패턴 변화(출장회의 → 화상회의)에 따라 부수적으로 발생하는 영향이다. 행동에 필요한 시간이나 돈이 변화하여 다른 행동패턴에 영향을 미친다. 예를 들면 화상회의에 의해 이동시간이 단축된 경우, 그 시간을 다른 행동에 충당한 경우의 환경부하를 말한다.

(4) 인벤토리 분석에 사용한 원단위

Easy-LCA(도시바 제품) 및 산업연관표에서 얻은 각종 통계 데이터를 이용하여 독자적으로 작성한 원단위를 사용하였다.

(5) 결과

우리는 인터넷 앙케트를 활용하여 3차 영향인 파급효과를 정량화하였다.[3] 회의에 관한 행동의 변화에서는 참가자, 회의시간 및 종이자료 사용량의 차이를 평가하였다. 앙케트 결과를 보면, 참가자 수가 화상회의에서는 24.7명, 출장회의에서는 21.0명이었다. 부수적인 활동에 대해서는 선물, 외식에 따른 비용 등을 평가하였다. 화상회의 도입에 의해 생긴 여가시간은 회의 단축시간(0.69시간)과 이동시간(3.48시간)의 합계로서 4.17시간으로 나타났다. 한편 화상회의에 의해 생긴 여가시간을 보내는 방법으로는 72%의 사람이 다른 업무를 하며, 3.7%의 사람이 다른 화상회의에 출석한다고 앙케트에 응답하였다. 그리고 '빨리 귀가한다' 라고 대답한 응답자 가운데 NHK 방송문화연구소의 '일본인의 생활시간' 을 토대로 74.5%가 'TV를 본다', 8%가 '자동차로 외출한다' 일 것으로 추정한 경우

▶ 그림 4.2.2-1
화상회의 시스템과 출장회의

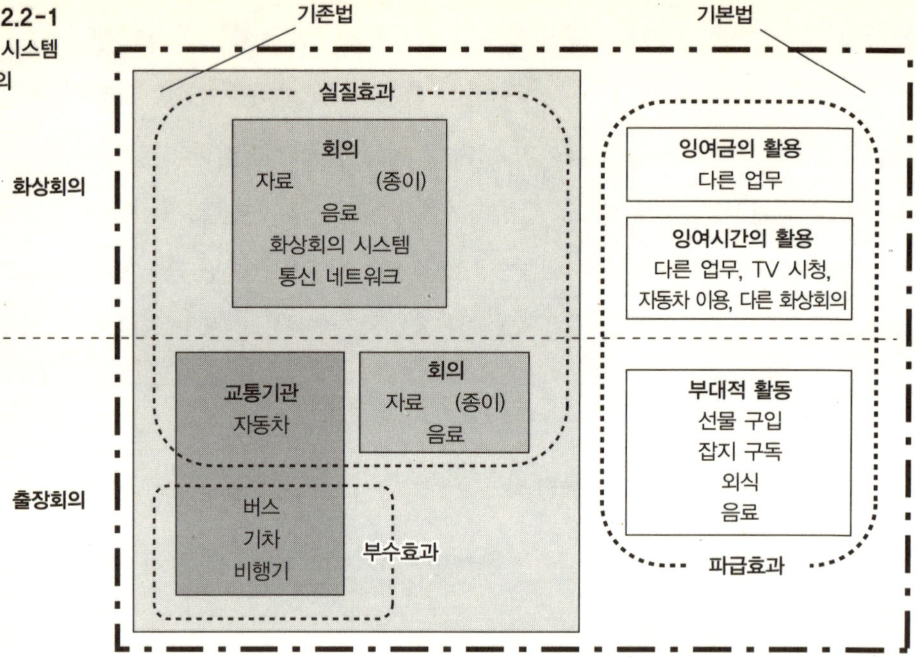

표 4.2.2-1　　환경부하 평가에 있어서의 라이프 사이클 단계와 평가대상 · 활동의 관계

[범례 (○ : 평가대상, — : 평가대상 외)]

라이프 사이클 단계 / 활동	조달	설계 · 개발 · 제조	출하	유통	설치	기동 작업	운용	회수	폐기 · 리사이클
1) 재료 · 에너지 소비	—	—	—	—	—	—	○	—	—
2) ICT 기기 이용	—	○	—	—	—	—	○	—	○
3) 네트워크 인프라 이용	—	○	—	—	—	—	○	—	○
4) 소프트웨어 이용	—	—	—	—	—	—	—	—	—
5) 물자의 이동	—	—	—	—	—	—	—	—	—
6) 사람의 이동	—	—	—	—	—	—	○	—	—
7) 물자의 보관	—	—	—	—	—	—	—	—	—
8) 사람의 업무	—	—	—	—	—	—	—	—	—

잉여시간의 7.4%가 TV 시청, 0.79%가 자동차 운전에 사용하고 있다고

추정할 수 있다.

출장비와 출장수당에 전체 회의 수를 곱하여 구한 출장에 따른 비용에서 화상회의의 도입 · 운용 · 폐기비용을 빼서 화상회의의 도입에 의한 절감비용을 구하였다. 이들 시간과 비용수치에 산업연관표 등의 통계적인 원단위를 이용하여 CO_2 배출량으로 환산하였다. **그림 4.2.2-2**는 출장회의의 총 CO_2 배출량을 100%로 했을 때 화상회의의 CO_2 배출량을 나타낸 것이다. 교통기관 대체로 인하여 발생한다고 볼 수 있는 효과가 전체에서 가장 많은 부분을 차지하며, 다음으로 잉여금에 의한 배출량 증대 효과가 화상회의의 93%를 차지한다는 사실을 알 수 있다. 회의만을 비교하면 화상회의 쪽이 배출량이 많지만, 이와 같이 부수효과나 파급효과를 고려하면 결과가 달라진다는 사실을 알 수 있다. 이번 예는 1차 영향부터 3차 영향까지 포함시킨 종합평가로서, 화상회의에서는 약 80%의 CO_2 배출 저감 효과가 있다는 사실을 알 수 있다.

▼ 그림 4.2.2-2 화상회의와 출장회의의 환경부하 비교

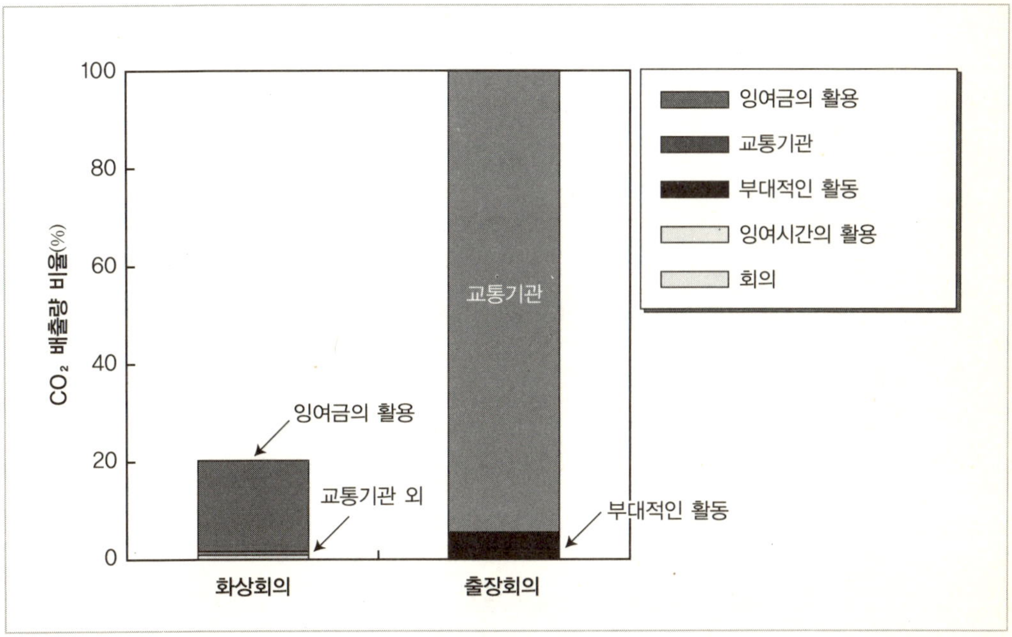

4.2.3 화상회의 시스템의 환경효율, 팩터 평가

(1) 평가의 목적

ICT 서비스에서 제공되는 가상공간은 실제 공간과 다르기 때문에 완전한 대체수단은 아니라고 할 수 있다. 예를 들어 화상회의에서 화면을 통해 대화하는 것은 직접 대화하는 것과 다르다. 환경효율 및 화상회의 보급이 사회 전체에 미치는 영향을 사용자 관점에서 파악하기 위해 "기능 가치" 및 "파급효과"를 고려한 팩터 평가를 실시하였다.[4, 5]

(2) 화상회의 시스템 기능의 가치 정량화

ICT 서비스의 보급 여부는 사용자가 그 가치를 어떻게 판단하는지에 따라 결정된다. 따라서 ICT 서비스를 제공하는 측의 기능 · 가치기준이 아니라 사용자 측의 기능 · 가치기준을 척도로 평가해야 한다. 그러므로 여기서는 사용자 관점에서 기능 · 가치를 정량화하였다.

(3) 계산방법

다음과 같이 화상회의와 출장회의에서의 기능 · 가치를 비교하기 위한 식을 고안하였다(식 4.2.3－1).[4, 5]

$$\text{화상회의의 기능 · 가치} = \text{달성도} \times \text{쾌적성} \times \text{만족도} \qquad \text{(식 4.2.3-1)}$$

화상회의의 기능 · 가치는 달성도, 쾌적성, 만족도의 세 가지 항목에서 평가한다. 달성도는 회의의 목적에 대한 달성률을 구하는 것으로, 달성도 자체와 함께 토론의 질, 이해도와 결론에 대한 납득 정도를 평가한다. 평가수단으로서 달성도 테스트와 해결한 과제의 수, 앙케트 등을 통해 데이터를 수집한다. 다음으로 쾌적성은 행동평가이며, 스트레스와 집중도를 평가한다. 평가수단으로는 커뮤니케이션 분석, 생체정보(고개 끄덕거림, 눈 깜박거림, 눈 마주침, 맥박 등)와 앙케트 등을 이용한다. 마지막으로 만족도는 주관적 평가이며, 만족 정도를 평가한다. 평가수단으로서는 앙케트 외에 점수매기기, 지불의사액 등을 들 수 있다.

팩터의 정의는 출장회의의 환경효율을 기준으로 계산하였다(**식 4.2.3-2**).

$$\text{팩터} = \frac{\text{화상회의의 환경효율}}{\text{출장회의의 환경효율}} \qquad \textbf{(식 4.2.3-2)}$$

(4) 결과

우리는 우선 제1단계로서 인터넷 앙케트를 통한 주관적인 인자만을 평가하였다. 출장회의에서의 값을 1로 정했을 때 화상회의의 경우에는 달성도가 0.79, 쾌적성이 0.99, 만족도가 0.82라는 결과가 나왔다. 이들 값을 식(**식 4.2.3-1**)에 대입하여 종합적으로 판단하면 0.64라는 값이 나온다. 즉, 이번에 평가한 화상회의 시스템의 경우, 출장회의와 비교해 보면 기능·가치가 0.64배라는 의미이다. 평가방법은 아직 발전단계이므로 과제가 많이 남아 있지만, 사용자의 관점에서 기능·가치를 평가했다는 사실은 의미가 크다고 할 수 있다. 이와 같이 기능·가치를 높이려는 노력에 의해 앞으로 화상회의의 보급률을 높일 수 있으며, 결과적으로는 환경부하 저감으로 이어진다는 사실이 중요한 것이다. 예를 들어 정보통신 네트워크의 광대역화, 디스플레이의 고해상도화 등에 의해 기능·가치가 향상되어 출장회의에서 화상회의로의 대체가 더욱 많이 이루어질 것으로 생각된다. 한편 기능·가치를 산정하는 데 있어서는 생체적 정보를 해석하여 객관적인 데이터를 포함시킨 종합적인 평가를 향후 진행해 나갈 예정이다.

표 4.2.3-1은 팩터의 산출결과를 나타낸 것이다. 환경부하로서 파급효과를 고려하지 않으면서 동시에 기능 가치의 차이를 고려하지 않는 경우 팩터는 141로 나타났다. 이에 대해 파급효과와 기능 가치의 차이를 감안한 경우의 팩터는 약 3으로 나타났다.

표 4.2.3-1 **화상회의의 팩터 산출결과**

	기존법 (파급효과 없음)	**기본법** (파급효과 있음)
기존법 (기능 가치 평가 없음)	141	5
기본법 (기능 가치 평가 있음)	91	3

【프로젝트 관리에 관한 ICT】

4.3 설계 · 개발 프로젝트 관리 솔루션(도시바)

4.3.1 설계 · 개발 프로젝트 관리 솔루션 ProjectMeister™ 의 개요

ProjectMeister™(이하 PJM)은 기업 지식인 개인의 노하우와 업무를 연결한 프로젝트의 '가시화'를 실현하고, 제품개발의 리드타임 단축, 원가절감 및 협력설계를 지원하는 솔루션이다(**그림 4.3.1-1**).

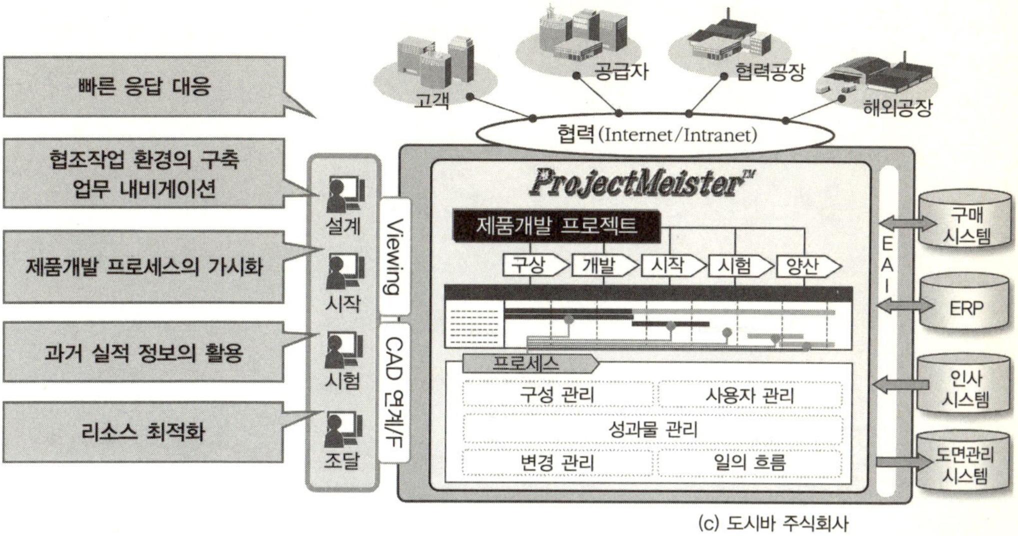

▲ 그림 4.3.1-1 ProjectMeister™의 개요[6]

4.3.2 ProjectMeister™ 의 환경부하 평가

(1) 평가의 목적

본 평가는 PJM 라이프 사이클에서의 환경부하 파악과 더불어 PJM 도입 전의 환경부하와 비교하여 환경부하의 저감 효과를 평가하기 위한 것이다. 평가결과는 환경부하를 저감시키기 위한 개선시책의 추출과 고객에 의한 환경욕구 분출에 이용할 수 있다. 평가 시 고려해야 할 환경부하는 CO_2 배출량에 한한다.

(2) 기능 단위

본 평가의 기능 단위는 '이용자 600명을 대상으로 하여 800건의 제품 설계 프로젝트 활동을 1년간 진행한다' 로 설정하였다.

(3) 시스템 경계

그림 4.3.2-1은 PJM 도입 전 및 도입 후의 시스템 경계를 나타낸 것이다. 도입 전의 기존 모델에서는 시판되는 범용표 계산 소프트웨어를 이용한 프로젝트 멤버의 스케줄 관리나 전자메일을 이용한 데이터 공유에 따라 프로젝트 활동을 수행한다. PJM 도입에 의해 프로젝트 멤버의 스케줄을 일괄적으로 관리할 수 있게 되므로 각 작업의 진척상황을 파악하기 쉽다. 이에 따라 빠짐 없이 대응할 수 있게 되어 결과적으로 작업효율이 향상된다. 고객을 대상으로 한 질문조사에 따르면 작업효율이 약 1.2배 향상된 것으로 나타났다. 또 데이터 공유에 의해 종이로 출력하여 배포, 보관하는 경우가 줄어들어 인쇄물 감소로 이어진다. 참고로 **그림 4.3.2-1**에서 점선으로 표시한 단계의 경우는 데이터 제약 등의 이유로 평가범위에서 제외하였다. 또 PJM 도입 모델의 경우, 데이터 공유화의 효과로서 회의 감소에 의한 사람의 이동 감소 효과도 예상되지만 본 평가대상에서는 제외하였다.

▼ 그림 4.3.2-1
시스템 경계

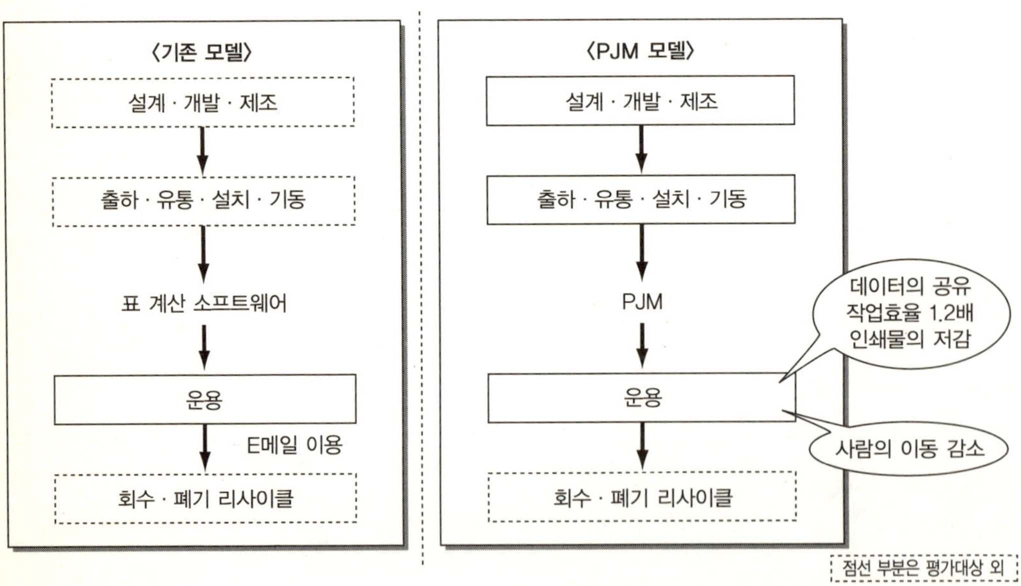

표 4.3.2-1 환경부하 평가에 있어서의 라이프 사이클 단계와 평가대상 · 활동의 관계

[범례 (○ : 평가대상, — : 평가대상 외)]

라이프 사이클 단계 / 활동	조달	설계 · 개발 · 제조	출하	유통	설치	기동 작업	운용	회수	폐기 · 리사이클
1) 재료 · 에너지 소비	○	—	○	—	—	—	○	—	—
2) ICT 기기 이용	○	○	—	—	—	○	○	—	—
3) 네트워크 인프라 이용	—	○	—	—	—	—	—	—	—
4) 소프트웨어 이용	—	—	—	—	—	—	—	—	—
5) 물자의 이동	—	—	—	—	—	—	—	—	—
6) 사람의 이동	—	—	—	—	○	—	—	—	—
7) 물자의 보관	—	—	—	—	—	—	—	—	—
8) 사람의 업무	—	○	—	—	—	—	—	—	—

표 4.3.2-1은 평가대상 · 활동 매트릭스를 나타낸 것이다. PJM의 설계 · 개발 · 제조 시에 소프트웨어를 이용하지만, 그 외의 용도로도 폭넓게 이용되고 있기 때문에 소프트웨어의 제조부하는 무시할 수 있다고 판단되어 평가대상에서 제외시켰다. 마찬가지로 기존 모델의 범용표 계산 소프트웨어도 평가대상에서 제외하였다. 이용인원 수도 많고 평가대상인 프로젝트 활동 이외에도 폭넓게 이용되고 있기 때문에 이용인원 수 및 이용시간으로 배분한 제조부하는 무시할 수 있을 정도로 작다고 판단되었다.

표 4.3.2-2는 인벤토리 분석에 이용한 데이터 일람을 나타낸 것이다. 조달, 설계 · 개발 · 제조, 출하, 설치 및 기동작업에 관계된 환경부하는 소프트웨어의 내용연수(감가상각 기간)를 5년으로 간주하고 1년당 부하만 계산한다. 또 PJM의 설계 · 개발 · 제조에 따른 CO_2 배출량 중 범용부분(표준 패키지)에 대해서는 사용자 수(PJM의 판매 수)로 배분하였다.

표 4.3.2-2 인벤토리 분석에 이용한 데이터

단계	기존 모델		PJM 도입 모델	
	항목	데이터	항목	데이터
조달	(평가대상 외)	–	서버의 도입	3대
			매뉴얼	0.42kg
설계 · 개발 · 제조 (범용 부분)	(평가대상 외)	–	서버 운용	386kWh
			고객(PC) 이용	230kWh
설계 · 개발 · 제조 (커스터마이즈)	(평가대상 외)	–	서버 운용	384kWh
			고객(PC) 이용	1,152kWh
설계 · 개발 · 제조	(평가대상 외)	–	개발용 서버의 신규 도입	5대
(공통 항목)			공조	2,074kWh
			조명	2,304kWh
			데이터 통신	28,800MB
			프린터 이용	15kWh(동작 시 평균 값에 의한 추계)
			종이(설계서 외)	180.5kg
출하	(평가대상 외)	–	CD-ROM	1장
설치	(평가대상 외)	–	사람의 이동	철도 이용, 250km
기동작업	(평가대상 외)	–	서버 기동작업	96kWh
운용	(평가대상 외)	–	서버 운용	4,380kWh
	고객(PC) 이용	1,320kWh	고객(PC) 이용	3,600kWh
	종이소비	A4 600,000장	종이소비	A4 120,000장

(4) 인벤토리 분석에 사용한 원단위

표 4.3.2-3은 인벤토리 분석에 이용한 원단위 일람을 나타낸 것이다. 일부를 제외하고 LCA 지원 툴 Easy-LCA를 이용하였다. 본 툴은 2000년 산업연관표에 기준한 환경부하 원단위 데이터베이스[7]를 내장하고 있다. 참고로 본 평가에서는 종이 소각에 따른 CO_2 배출량은 고려하지 않았다.

표 4.3.2-3 **환경부하 평가에 이용한 CO_2 배출원 단위 일람**

활동 구분	환경부하 항목	원단위	출전
재료 · 에너지	종이	–	Easy-LCA 데이터베이스 : IO표 분류 '서양종이 · 일본 종이'
	CD-ROM	–	Easy-LCA 데이터베이스 : IO표 분류 '자기테이프 · 자기 디스크'
ICT 기기 이용	서버 · PC	–	Easy-LCA 데이터베이스 : IO표 분류 '퍼스널컴퓨터'
	소비전력	–	Easy-LCA 데이터베이스 : IO표 분류 '사업용 전력'
네트워크 인프라 이용	IP망 이용	0.0025kg-CO_2/MB	정보통신기술(ICT) 서비스의 환경효율 사례 수집 및 산정기준에 관한 검토성과 보고서(2004)
사람의 이동	철도 이용	–	Easy-LCA 데이터베이스 : IO표 분류 '철도여객 운송'
사람의 업무	공조 · 조명	–	Easy-LCA 데이터베이스 : IO표 분류 '사업용 전력'

(주) Easy-LCA는 유상 소프트웨어이므로 수치를 게재할 수 없음.

(5) 결과

그림 4.3.2-2는 환경부하의 평가결과를 나타낸 것이다. 운용 시 서버의 소비전력에 의해 CO_2 배출량은 증가하지만 종이소비량이 크게 줄어

▼ 그림 4.3.2-2
환경부하 평가결과

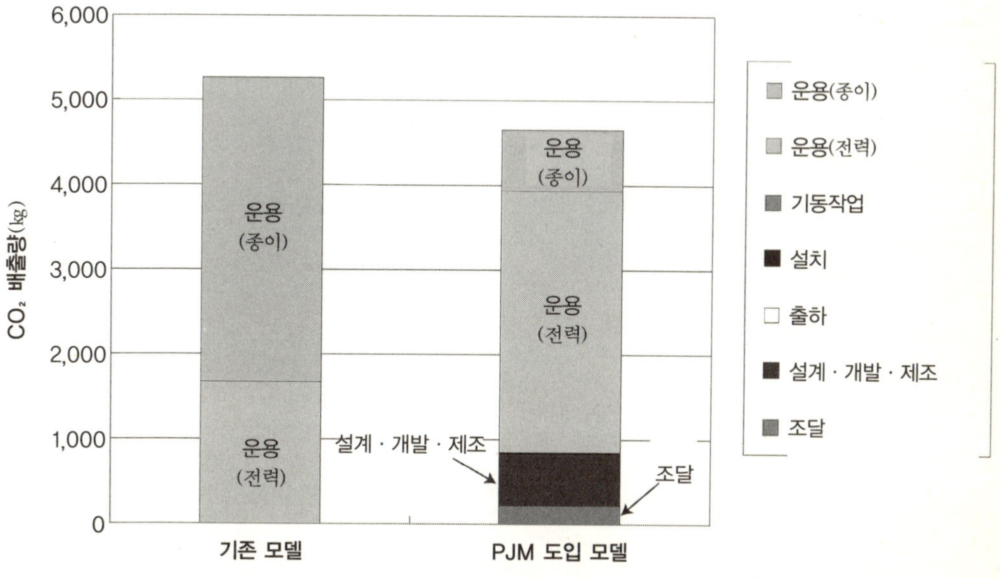

라이프 사이클 전체에서 약 12%의 CO_2 저감 효과가 있다는 사실을 알 수 있다. 또 PJM의 설계 · 개발 · 제조에 따른 CO_2 배출량도 비교적 크지만 환경부하 저감을 위해서는 사용자 커스터마이즈 부분의 설계를 효율화하는 것이 유효하다고 할 수 있다. 또 표준 패키지의 경우, 사용자 수 증가에 의해 솔루션당 환경부하는 저감된다.

4.3.3 ProjectMeister™ 의 환경효율 및 팩터 평가

(1) 평가의 목적

환경효율 및 팩터 평가에 의해 PJM 도입에 따른 장점을 정량적으로 나타낼 수 있다. 평가결과는 PJM을 도입하는 고객에게 공표한다.

(2) ProjectMeister™ 의 '가치' 정량화

제3장에서 설명한 바와 같이 환경효율의 분자인 가치지표는 물리지표, 감각지표 및 경제지표로 분류된다. 본 평가에서는 물리적 지표를 채택하였다. 도시바의 경우 독자적인 서비스 가치 평가방법을 개발하였다.[8] 본 평가방법은 평가대상의 제품 · 서비스가 가지는 여러 가지 기능 특성에 대해 품질기능 전개(QFD)[9]를 이용하여 가중치를 부여하고 종합적인 기능 평가를 실시한다는 점이 특징이다. 상기 분류에서 볼 때 물리지표의 하나로 간주할 수 있다. 물리지표에는 제조회사 측의 개선 노력을 직접 표현할 수 있다는 장점이 있다.

(3) 계산방법

환경효율 및 팩터는 다음과 같은 식에 의해 산출할 수 있다.

$$\text{환경효율} = \frac{\text{제품 · 서비스의 가치}}{\text{환경부하}} \qquad \text{(식 4.3.3-1)}$$

$$\text{팩터} = \frac{\text{평가대상 시스템의 환경효율}}{\text{기준 시스템의 환경효율}} \qquad \text{(식 4.3.3-2)}$$

환경효율의 분모에 대해서는 제2장에서 자세하게 설명하였기 때문에 여기서는 분자인 가치지표에 대해 설명하기로 한다. **그림 4.3.3-1**은 QFD를 이용한 서비스의 가치평가 방법에 대해 나타낸 것이다. 우선 PJM에 대한 고객 요구와 PJM이 제공하는 기능(품질 특성)을 관련 지은 매트릭스를 작성한다(**그림 4.3.3-1**의 A). 고객의 요구와 그 중요도는 고객에게 실시한 앙케트를 기준으로 한다. 이로서 고객의 소리를 근거로 한 기능의 중요도 산출이 가능하다. 이어서 본 평가에서는 PJM 각 기능의 정량화 기능

▼ **그림 4.3.3-1** PJM의 가치평가

A

고객 요구	중요도	품질 특성 안건정보 관리	리소스 관리	마스터 스케줄 관리	기존 프로젝트 Copy	스케줄 일괄수정	다른 프로젝트로의 링크	나의 업무관리	업무내비게이션	프로젝트 진척 일람	과제 관리	컨설팅 지원
설계 · 개발 프로젝트의 진척상황(공수)을 알고 싶다	1		9			1	1					
설계 · 개발 프로젝트의 진척상황(일정)을 알고 싶다	3			3		1	1			9		
설계 · 개발 프로젝트의 진척상황(품질)을 알고 싶다	3					1	1				3	
설계 변경에 의한 작업 후퇴를 줄이고 싶다	9			3				3	3	3	9	9
프로젝트 멤버가 작업할 수 없는 부분을 파악하고 싶다	3		9	9						3		
성과물(도면, 사양서 등)의 품질의 편차를 줄이고 싶다	9			3	3			9	9		3	
거래처나 고객과 협력하고자 한다	1	3										3

품질 특성 중요도(%)		0.5	5.5	13.8	12.5	1.1	1.1	16.6	8.3	9.7	18.0	1.9

B

기능	기존 모델	1	0	1	1	0	0	0	0	0	0	0
	PJM 도입 모델	1	1	1	1	1	1	1	1	1	1	1

C

가중치 부여	기존 모델	0.5	0.0	13.8	12.5	0.0	0.0	0.0	0.0	0.0	0.0	0.0	26.3
	PJM 도입 모델	0.5	5.5	13.8	12.5	1.1	1.1	16.6	8.3	9.7	18.0	12.0	100

이 있는 경우에는 1, 없는 경우에는 0으로 하는 간이평가를 채택하였다(**그림 4.3.3-1**의 B). 마지막으로 각 기능의 정량값을 가중 합으로 가치지표를 산출한다(**그림 4.3.3-1**의 C). 그 결과 **그림 4.3.3-1**에 나타낸 바와 같이 가치지표는 기존 모델이 26.8, PJM 도입 모델이 100으로 나타났다.

(4) 결과

그림 4.3.3-2는 환경효율 산출결과를 나타낸 것이다. **그림 4.3.3-2**는 X축이 환경효율의 분자, Y축이 분모의 개선 정도를 각각 나타내는 것이며, 환경효율의 분자와 분모 중 어느 쪽이 팩터 향상에 기여하고 있는지를 파악할 수 있다. 또 곡선으로 팩터 값의 크기를 나타냈다. **그림 4.3.3-2**에 의하면 CO_2 배출량 저감과 함께 사용자에게 제공하는 가치가 크게 향상되어 팩터 4.22를 나타냈다.

따라서 앞으로 환경부하를 더욱 줄여야 한다는 사실을 알 수 있다. **그**

▶ **그림 4.3.3-2**
PJM의 환경효율 · 팩터 산출결과

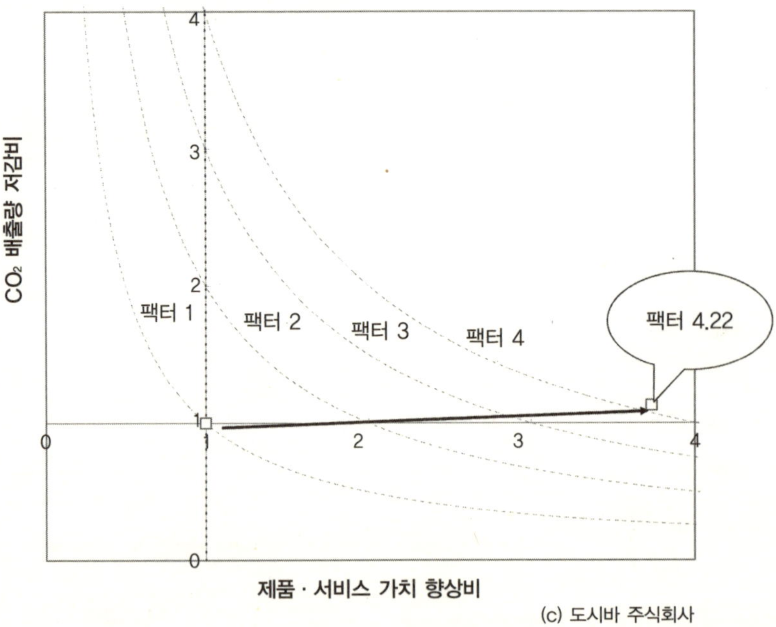

(c) 도시바 주식회사

림 4.3.3-2에서와 같이 서비스 가치의 향상과 환경부하 저감의 양립을 나타내는 오른쪽 위로 올라가는 방향이 바람직하다. 환경부하 저감을 위해서는 소프트웨어 개발의 범용화를 추진함과 동시에 운용단계에서의 사람의 이동에 따른 환경부하 등 인벤토리 분석의 평가범위 확대에 대해서도 검토해야 한다.

【데이터 및 정보관리에 관한 ICT】

4.4 직업성 스트레스 간이진단 시스템(후지쯔)

4.4.1 'e진단@마음의 건강'의 개요

그림 4.4.1-1[10]은 'e진단@마음의 건강'의 개요를 나타낸 것이다. 'e진단@마음의 건강'은 일하는 사람의 스트레스를 파악하기 위한 목적으로 개발한 '직업성 스트레스 간이조사표'와 직장의 건강 리스크 분석을 목적으로 한 '업무의 스트레스 판정도[10]'의 운용을 시스템화한 제품이다. 스트레스 체크에서 데이터의 수집 · 분석과 피드백까지를 단시간에 효율적으로 실시할 수 있다. 본 제품은 사업장의 정신건강 예방활동으로서, 일본 후생노동부의 정신건강 지침이 요구하는 '셀프 케어', '라인에 의한 케어', '사업장 내 산업보건 스탭 등에 의한 케어'를 지원한다.

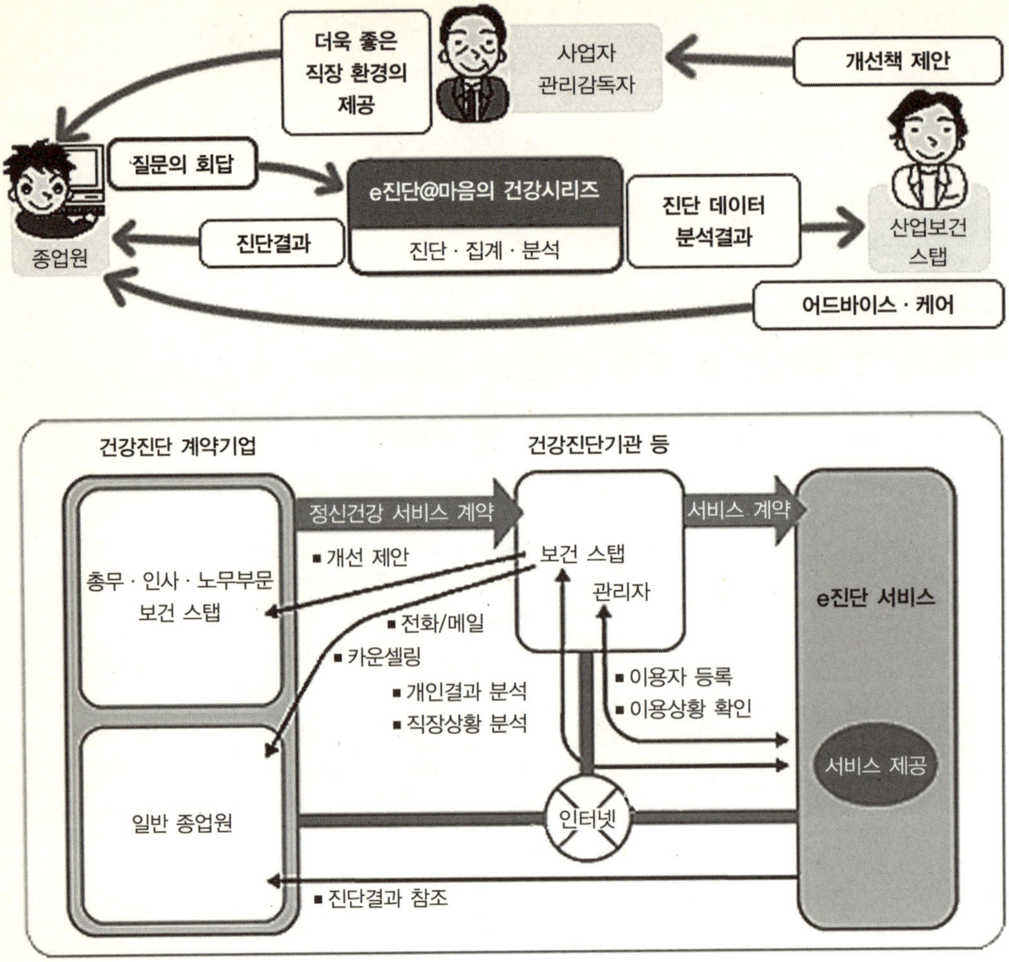

(주) 'e진단@마음의 건강'은 (주)후지쯔 소프트웨어 테크놀러지즈의 등록상표

▲ 그림 4.4.1-1 'e진단@마음의 건강'의 개요

4.4.2 'e진단@마음의 건강'의 환경부하 평가

(1) 평가의 목적

대상 레벨은 개개의 제품이며, 당 제품 'e진단@마음의 건강'을 도입하는 고객에게 결과를 공개한다. 평가의 목적은 당 제품을 도입한 (또는 도입을 검토하고 있는) 종업원 2만 명 규모의 고객에게 도입 전후의 환경 개선 효과를 정량적으로 제시하기 위해서이다.

(2) 기능 단위

기능 단위는 종업원 2만 명의 기업을 대상으로 조사표의 회수에서 진단·집계 분석, 결과 통지에 관한 서류의 우송, 회수와 집계 등의 작업 공수에 대해 60일간 1인 1회씩 실시하는 경우로 설정한다.

(3) 시스템 경계

평가대상의 라이프 사이클 단계는 ICT 도입 효과가 현저하게 나타나는 운용단계만을 평가하고, 제조단계 등 다른 단계의 환경부하 유발량은 무시할 수 있을 정도로 적다고 판단되어 평가에서 제외하였다.

그림 4.4.2-1은 'e진단@마음의 건강' 도입 전후의 평가모델을 나타낸 것이다.

1) 도입 전

a. 수기, 종이가 기본이 되는 운용으로서, 서류 운송은 사내 우편을 이용하여

▼ 그림 4.4.2-1 'e진단@마음의 건강' 도입 전후의 모델

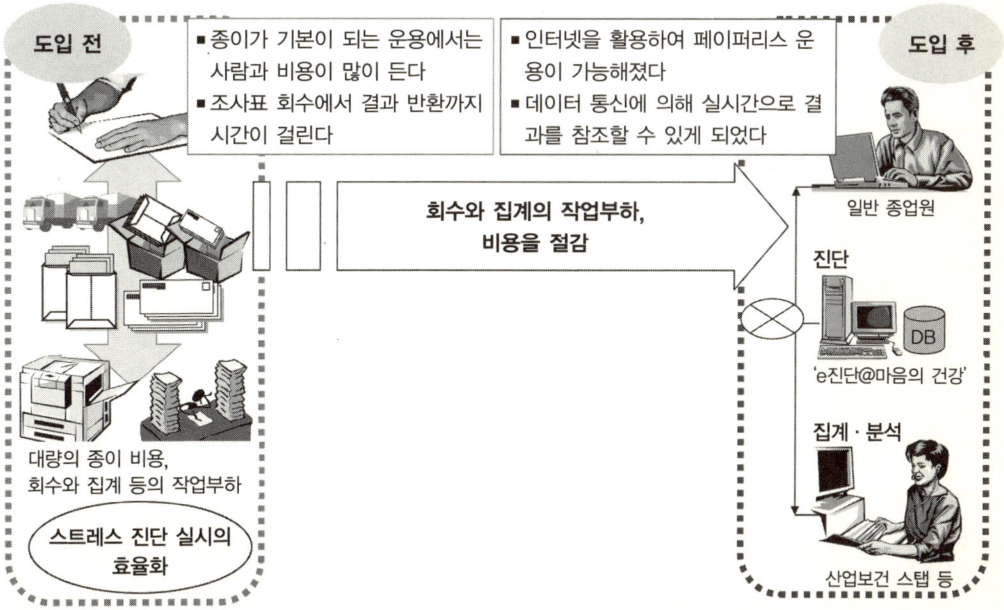

실시하였다.

b. 수도권 병원을 기점으로 홋카이도, 큐슈는 항공편, 수도권 내는 트럭편, 기타 지역에는 철도편으로 전국에 서류를 우송하였다.

c. 조사표 회수에서 진단 · 집계 분석, 결과 통지에 관한 서류의 우송, 회수와 집계 등에 많은 공수를 들여 왔다.

2) 도입 후

a. 인터넷을 활용하여 페이퍼리스 운용이 가능해졌다. 서류의 운송방법이 바뀌어 데이터 통신을 활용하게 되었다.

b. 조사표 회수에서 진단 · 집계 분석, 결과 통지에 관한 작업 공수의 효율화를 큰 폭으로 도모할 수 있게 되었다.

c. 데이터 통신에 의해 실시간으로 결과를 참조할 수 있게 되었다.

【평가방법】

평가는 2.2【환경부하 계산】에 따라 실시하였다.

표 4.4.2-1은 'e진단@마음의 건강'의 라이프 사이클 단계와 평가대상 · 활동의 관계를 나타낸 것이며, **표 4.4.2-2**는 평가에 사용한 기초 데

표 4.4.2-1　　환경부하 평가에 있어서의 라이프 사이클 단계와 평가대상 · 활동의 관계

[범례 (○ : 평가대상, — : 평가대상 외)]

활동 \ 라이프 사이클 단계	조달	설계 · 개발 · 제조	출하	유통	설치	기동 작업	운용	회수	폐기 · 리사이클
1) 재료 · 에너지 소비	—	—	—	—	—	—	○	—	—
2) ICT 기기 이용	—	—	—	—	—	—	○	—	—
3) 네트워크 인프라 이용	—	—	—	—	—	—	○	—	—
4) 소프트웨어 이용	—	—	—	—	—	—	—	—	—
5) 물자의 이동	—	—	—	—	—	—	○	—	—
6) 사람의 이동	—	—	—	—	—	—	—	—	—
7) 물자의 보관	—	—	—	—	—	—	○	—	—
8) 사람의 업무	—	—	—	—	—	—	○	—	—

이터를 나타낸 것이다.

표 4.4.2-2 'e진단@마음의 건강' 도입 전후의 기초 데이터

고려해야 하는 활동	후지쯔에 있어서의 영향 요인	기초 데이터	도입 전	도입 후
재료 · 에너지 소비	물자의 소비량	종이 장수	286,092장	0장
ICT 기기 이용	IT · 네트워크 기기 전력소비량	서버 등	443kWh	391kWh
네트워크 인프라 이용	네트워크 데이터 통신량	데이터 통신	0MB	7,450MB
물자의 이동	물자의 이동량	운송량 · 거리	317t·km	0t·km
물자의 보관	사무공간	서류 공간	2.6m^2	0m^2
		기기 공간	1.6m^2	0.5m^2
사람의 업무		작업 공수	32명·월	24명·월

(4) 인벤토리 분석에 사용한 원단위

당 사례의 CO_2 배출량 환산은 **표 4.4.2-3**의 원단위를 이용하였다.

표 4.4.2-3 원단위표

환경부하 요인		원단위		출전
물자의 소비	종이	1.16	kg-CO_2/kg	1995년판 산업연관표(1999)
	중량 환산 계수	0.004	kg/장	종이 펄프 핸드북 98
물자의 이동	영업용 트럭	0.206	kg-CO_2/t/km	1995년판 산업연관표(1999)
	철도화물	0.254	kg-CO_2/t/km	1995년판 산업연관표(1999)
	항공화물	1.76	kg-CO_2/t/km	1995년판 산업연관표(1999)
사무공간 (사용 시)	1㎡당	87.7	kg-CO_2/㎡/년	1995년판 산업연관표(1999), 민생부문 에너지 소비 실태조사(NEDO) 2001, 연료 종별 발열량(국립환경연구소) 2002
	1인당 업무공간	13.1	㎡/명	일본 빌딩협회 http://www.birukyo.or.jp/
IT · 네트워크 기기 전력소비 전력		0.44	kg-CO_2/kwh	1995년판 산업연관표(1999)
네트워크 데이터 통신/데이터 통신		0.0025	kg-CO_2/MB	ICT 서비스의 환경효율에 관한 보고서(산업환경관리협회) 2004

(주) 사무공간 원단위 등 출전이 산업연관표인 원단위는 1995년판을 기준으로 후지쯔 독자적으로 작성하여 만든 것이다.

(5) 결과

▼ 그림 4.4.2-2
평가결과

그림 4.4.2-2는 평가결과를 나타낸 것이다.

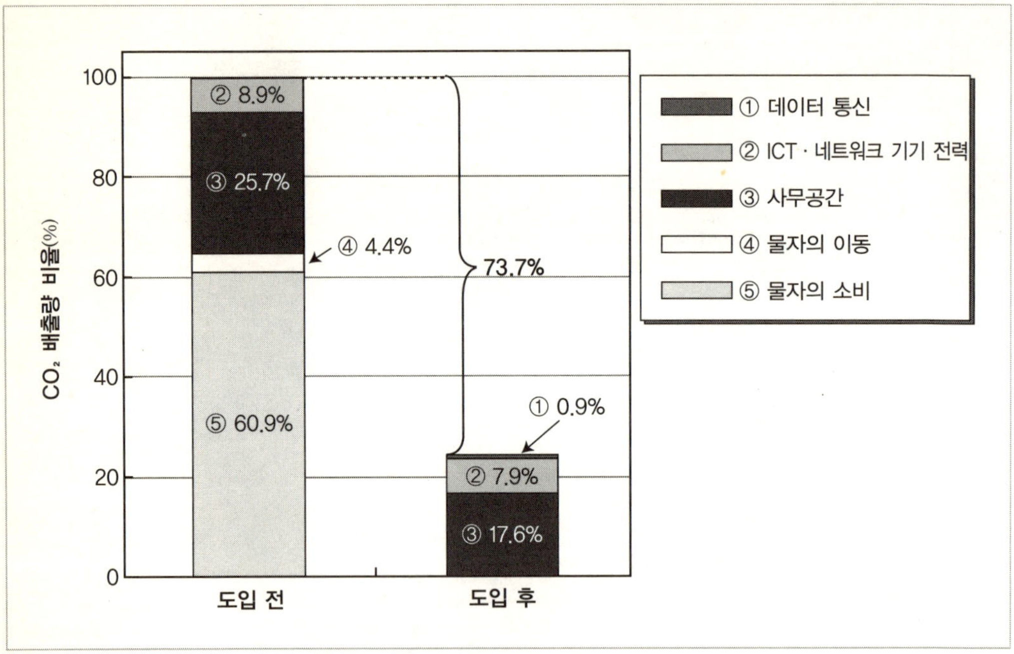

4.4.3 'e진단@마음의 건강'의 팩터 평가

(1) 평가의 목적

4.4.2 (1)의 목적과 동일하다.

(2) 'e진단@마음의 건강'의 '가치'에 대한 정량화

후지쯔의 ICT 환경영향 평가방법에서는 업무효율의 향상을 작업 공수로 평가하며, 사무공간에 있어서 환경부하로 환산 평가하기 때문에 ICT 도입 전후에 대한 가치는 임시로 동일하게 1로 정했다.

(3) 계산방법(식)과 결과

팩터는 'e진단@마음의 건강'의 도입 전후에 있어서 정규화된 상기의 결과를 기준으로 다음과 같이 나타낸다.

$$팩터 = \frac{1}{1-0.737} = 3.8 \qquad (식\ 4.4.3\text{-}1)$$

4.5 전자장부 시스템(히타치 소프트웨어 엔지니어링)

4.5.1 전자장부 시스템 ReportMission의 개요

ReportMission은 컴퓨터에서의 처리결과를 종이에 인쇄하여 장부로서 이용하던 것을 종이에 출력하지 않고 서버에서 고객의 PC로 데이터를

▼ 그림 4.5.1-1 ReportMission의 개요

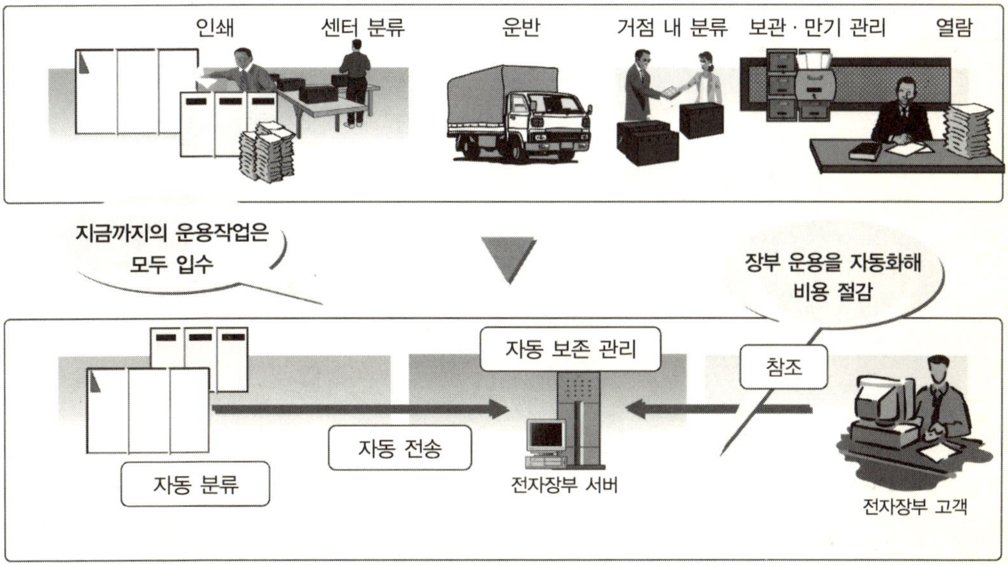

(주) ReportMission은 히타치 소프트웨어 엔지니어링(주)의 등록상표임.

보내 작업자의 PC 화면 상에서 참조할 수 있도록 하는 것으로, 데이터의 검색 · 참조나 작성을 용이하게 하는 전자장부 시스템이다. **그림 4.5.1-1**은 ReportMission의 개요를 나타낸 것이다.

4.5.2 ReportMission 도입 전후의 환경부하 평가

(1) 평가의 목적

본 환경부하 평가는 수도권에 10개의 점포를 가진 슈퍼를 대상으로 하였으며, ReportMission 도입 고객에게 도입에 의한 환경부하 저감 효과를 정량적으로 제공하기 위함이다.

(2) 기능 단위

연간 4,800만 장의 전표를 인쇄센터에서 100개의 부서(10개의 거점×10개의 부서)로 배송하는 것을 기능 단위로 설정한다.

(3) 시스템 경계

그림 4.5.2-1은 ReportMission 도입 전, **그림 4.5.2-2**는 도입 후의 평가모델을 나타낸 것이다. 이들 모델은 인쇄센터에서 각 부서에 장부를 배송(배부)하는 예로서, 도입 전에는 모든 장부를 인쇄한 후 거점별로 분류하여 트럭으로 배송하고, 각 거점에서는 다시 부서별로 분류하여 배송한다. 도입 후에 10%의 장부는 도입 전과 같은 방법으로 배송되지만, 나머지 90%는 인터넷을 통해 검색 · 열람한다. 평가에서는 사용기기(프린터, 서버, PC)의 제조 · 사용, 분류와 검색 · 열람작업, 운송 등을 대상으로 하였다. 보존기한이 지난 장부의 폐기는 대상에서 제외시켰다.

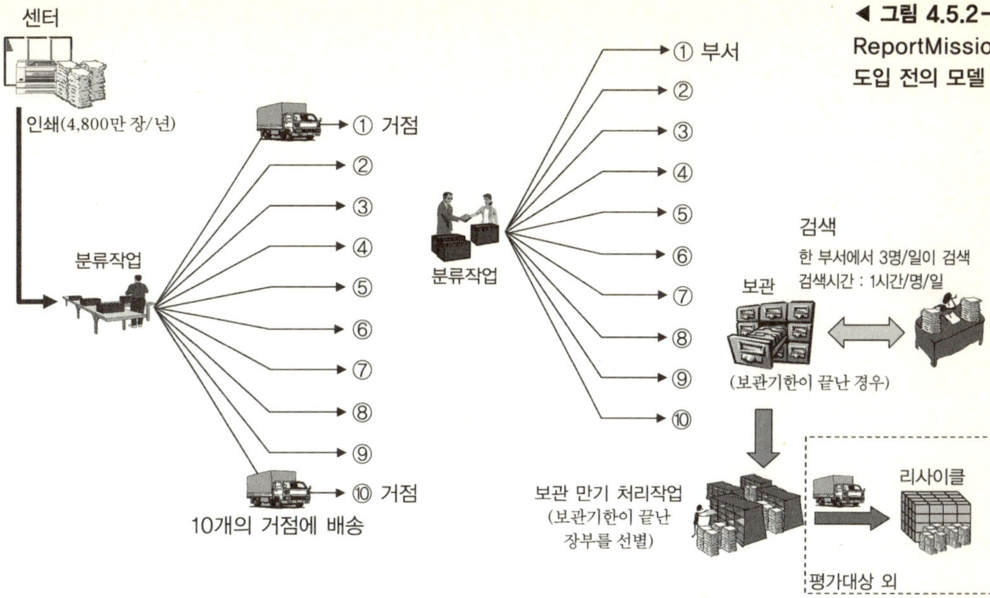

◀ **그림 4.5.2-1**
ReportMission
도입 전의 모델

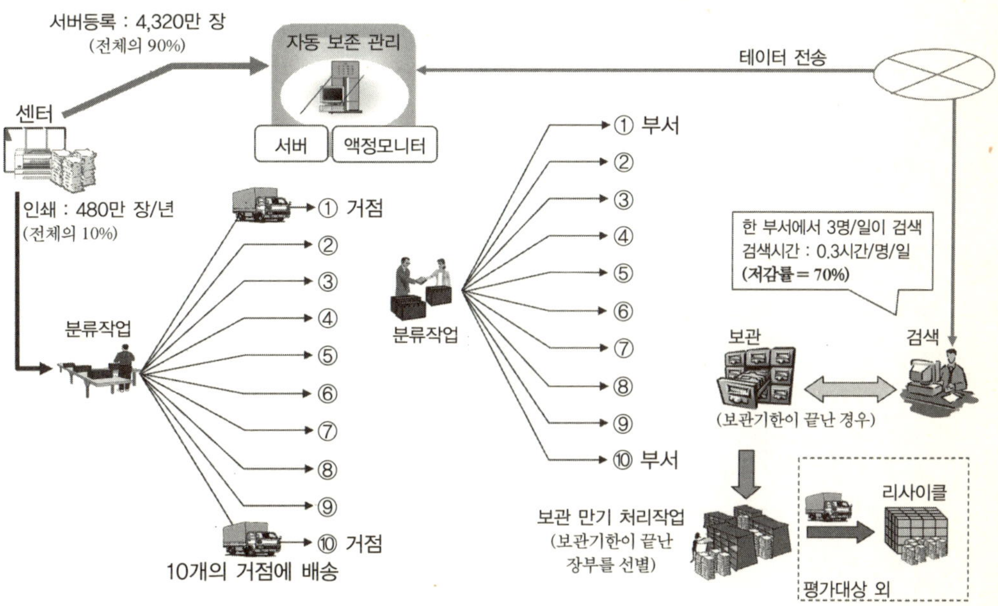

▲ **그림 4.5.2-2**
ReportMission
도입 후의 모델

표 4.5.2-1은 환경부하 평가에 있어서의 라이프 사이클 단계와 평가 대상 · 활동의 관계를 나타낸 것이며, **표 4.5.2-2**는 각 라이프 사이클 단계의 평가대상과 주요 값을 나타낸 것이다.

표 4.5.2-1 환경부하 평가에 있어서의 라이프 사이클 단계와 평가대상 · 활동의 관계

[범례 (○ : 평가대상, — : 평가대상 외)]

활동 \ 라이프 사이클 단계	조달	설계 · 개발 · 제조	출하	유통	설치	기동 작업	운용	회수	폐기 · 리사이클
1) 재료 · 에너지 소비	○	○	○	○	—	○	○	○	○
2) ICT 기기 이용	—	—	—	—	—	—	○	—	—
3) 네트워크 인프라 이용	—	—	—	—	—	—	○	—	—
4) 소프트웨어 이용	—	○	—	—	—	—	—	—	—
5) 물자의 이동	—	—	—	○	—	—	○	○	—
6) 사람의 이동	—	—	—	—	—	—	○	—	—
7) 물자의 보관	—	—	—	—	—	—	—	—	—
8) 사람의 업무	—	○	—	—	○	○	○	—	—

표 4.5.2-2 각 라이프 사이클 단계의 평가대상과 주요 값

라이프 사이클 단계		ReportMission 도입 전	ReportMission 도입 후
조달		프린터 4대의 제조 (히타치 환경적합 설계평가 툴에서의 LCA 평가결과를 사용)	프린터, 서버, 모니터, 고객 PC의 제조 (히타치 환경적합 설계평가 툴에서의 LCA 평가결과를 사용)
설계 · 개발 · 제조*		—	시스템 설계 · 개발 시 부하
출하		—	CD : 1장, 매뉴얼 : 500장 포장용 골판지 : 1상자
유통		프린터를 4t 트럭으로 100km 운송	모든 조달기기를 4t 트럭으로 100km 운송
설치*		작업일수 2일	작업일수 1일
기동작업*		—	8명·일/회 셋업, 장부 등록, 사용자 교육에서의 작업
운용	종이소비	4,800만 장/년(A4 인쇄용지)	480만 장/년(A4 인쇄용지)
	사람의 업무	12,000시간/연간(분류작업)	2,200시간/연간(분류작업)
	전력소비	45,000kWh/년(프린터의 소비전력)	17,964kWh/년(전 기기의 소비전력)
	물자의 이동	48만km/년(배송차량 주행)	24만km/년(배송차량 주행)
	사내 LAN 인프라 이용	—	검색 · 열람을 위한 사내 LAN에 대한 부하 (데이터 용량은 6kB/장)
회수		프린터 4대를 4t 트럭으로 리사이클 공장까지 50km를 운행	프린터, 서버 등을 4t 트럭으로 리사이클 공장까지 50km를 운송
폐기 · 리사이클		프린터	프린터, 서버, 모니터, 고객 PC

* 사업소 환경효율(사업소 매상 ÷ 환경부하)을 이용하여 산출함.

(4) 평가대상으로 한 환경부하

CO_2를 평가대상으로 설정하였다.

(5) 인벤토리 분석에 사용한 CO_2 배출원 단위

표 4.5.2-3은 인벤토리 분석에 사용한 CO_2 배출원 단위의 일례를 나타낸 것이다.

표 4.5.2-3 인벤토리 분석에 사용한 CO_2 배출원 단위 등의 일례

부하 항목	원단위 등	출전
전력	0.436kg-CO_2/kWh	전기사업연합회(2003년도 값)
종이 제조	2.339kg-CO_2/kg	종이 펄프 핸드북 1998년도 판 외
장부 배송차량 주행	0.145kg-CO_2/t/km	국토교통백서(2002년)의 데이터를 작성
데이터 전송에 따른 부하	2.5g-CO_2/MB	(사)산업환경관리협회[11]
작업 공수	2.36kWh/명/시간	사업소 실측값

(6) 평가에 사용한 툴

히타치 그룹이 개발한 SI-LCA[12, 13]를 사용하였다.

(7) 결과

그림 4.5.2-3은 ReportMission 도입 전후에 있어서의 전 라이프 사이클 단계를 대상으로 1년간의 CO_2 배출량을 나타낸 것이다. 또 **그림 4.5.2-4**는 '운용' 단계의 CO_2 배출량만 나타낸 것이다. 본 사례에서는 ReportMission 도입에 의해 운용 시의 서버와 PC 소비에 따른 CO_2 배출량은 증가하지만, 종이소비량과 배송차량의 주행거리, 검색이나 분류작업 감소에 의한 효과로 라이프 사이클 전체에 있어서 CO_2 배출량을 82% 줄일 수 있다는 결과를 보여주고 있다.

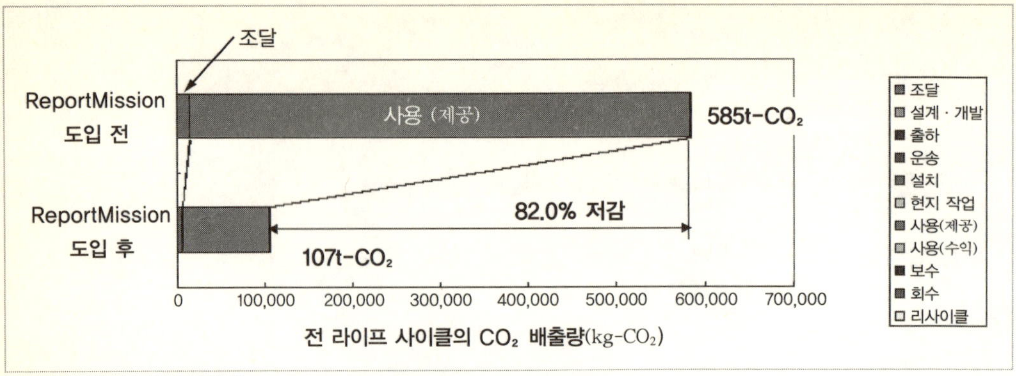

▲ **그림 4.5.2-3** 라이프 사이클 단계 전체를 대상으로 한 평가결과

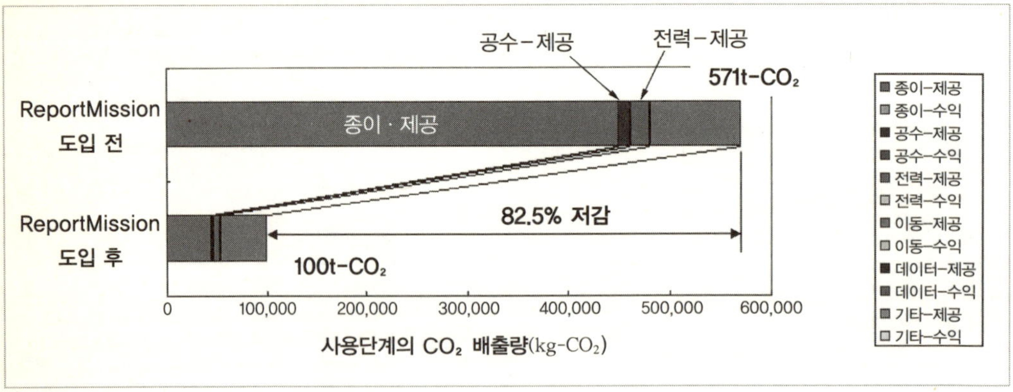

▲ **그림 4.5.2-4** 운용단계만의 평가결과

4.5.3 ReportMission의 환경효율 및 팩터 평가

(1) 평가의 목적

ReportMission 도입 고객에게 가치를 고려한 환경효율과 팩터의 평가결과를 제공하기 위한 것이다.

(2) 가치의 정량화

ReportMission 도입에 의해 센터에서 각 부서로의 정보전달이 빨라져 집계완료에서 데이터 분석까지의 시간을 단축하고 분석작업의 속도를 향상시킬 수 있다. 그러나 도입에 의한 경영 기여 등 경제적인 지표를 비롯하여 '물리적인 지표', '감각적인 지표' 모두 효과에 대한 정량적인 파악이 이루어지지 않았다. 따라서 본 사례에서는 도입 전후의 가치가 동등하다고 판단하여 '도입 전 = 도입 후 = 1'로 평가하기로 한다.

(3) 계산방법

식 4.5.3-1, **식 4.5.3-2**에서 도입 전후의 환경효율을 산출하며, **식 4.5.3-3**에서 팩터를 산출하였다.

$$\text{도입 전의 환경효율} = \frac{1}{585\text{t-}CO_2} = 0.0017 \quad \textbf{(식 4.5.3-1)}$$

$$\text{도입 후의 환경효율} = \frac{1}{107\text{t-}CO_2} = 0.0093 \quad \textbf{(식 4.5.3-2)}$$

$$\text{팩터} = \text{도입 후의 환경효율} \div \text{도입 전의 환경효율} = 0.0093 \div 0.0017 = 5.5 \quad \textbf{(식 4.5.3-3)}$$

(4) 결과

가치의 정량화가 이루어지지 않았으므로 도입 전후의 가치를 동등하다고 간주하고 팩터를 계산한 결과 팩터 5.5라는 결과를 얻었다. 이것은 도입에 의한 환경부하 저감비율이 크다는 사실에 기인한 것으로, 경영 기여 등 도입에 의한 가치가 정량화된다면 팩터는 더욱 커질 것으로 예상된다.

4.6 도서관리 시스템(히타치 시스템 앤드 서비스)

4.6.1 '리브르'의 개요

그림 4.6.1-1은 '리브르'의 개요를 나타낸 것이다. '리브르'는 도서나 자료의 대출 및 반환이 바코드에 의해 신속하게 이루어지며, 보고 싶은 책을 바로 찾을 수 있는 등 도서나 자료의 유효 활용을 지원하는 시스템이다. 또 Web을 사용한 예약(대출의뢰)기능을 활용하여 대출 · 반납을 위해 도서관에 가는 일도 줄어들게 되므로 사용자에게 이점이 많은 시스템이라고 할 수 있다. 또 관리기능도 지원하는데, 도서의 데이터베이스를 일원화하여 관리하는 관리자용 PC를 통해 창구업무와 관리업무(데이터 등록과 통계자료 출력 등)가 가능하다.

▶ **그림 4.6.1-1**
Report Mission 개요

4.6.2 '리브르' 도입 전후의 환경부하 평가

(1) 평가목적

도서관 관리자에게 '리브르' 도입을 통해 얻어지는 환경부하 저감 효과를 정량적으로 제공하기 위함이다.

(2) 기능 단위

10,000권의 장서를 보유한 도서관을 1년간 운영하는 것을 기능 단위로 설정한다.

(3) 시스템 경계

그림 4.6.2-1은 '리브르' 도입 전, **그림 4.6.2-2**는 '리브르' 도입 후의 운용 시 평가모델을 나타낸 것이다. 참고로 평가는 창구업무와 재고조사 등의 관리업무를 대상으로 하였다. '리브르' 도입 전에는 이용자용 대출카드를 작성하여 대출카드에 기록하고 도서를 대출하였다. 따라서 도

▼ 그림 4.6.2-1 '리브르' 도입 전의 모델

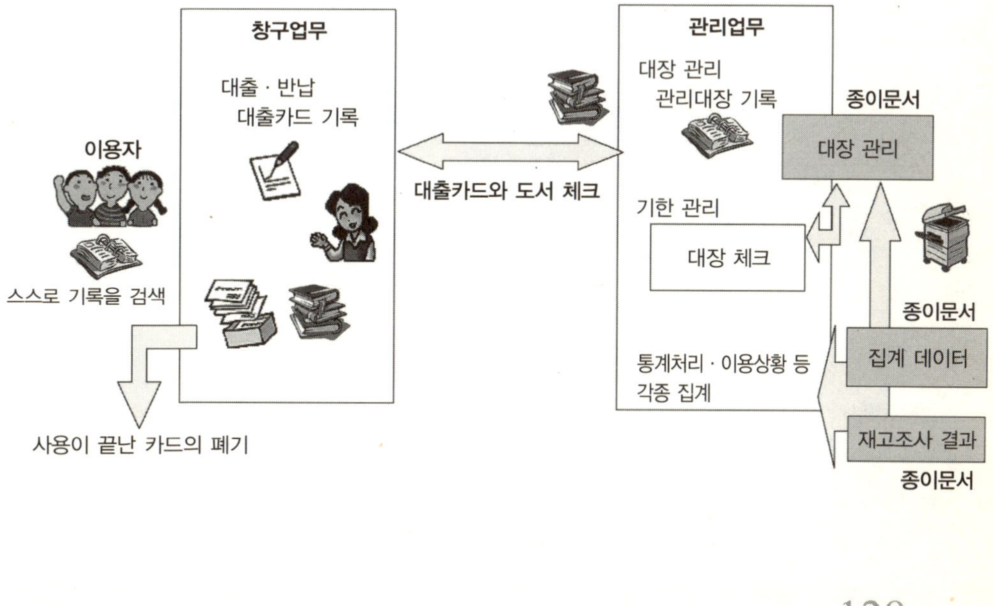

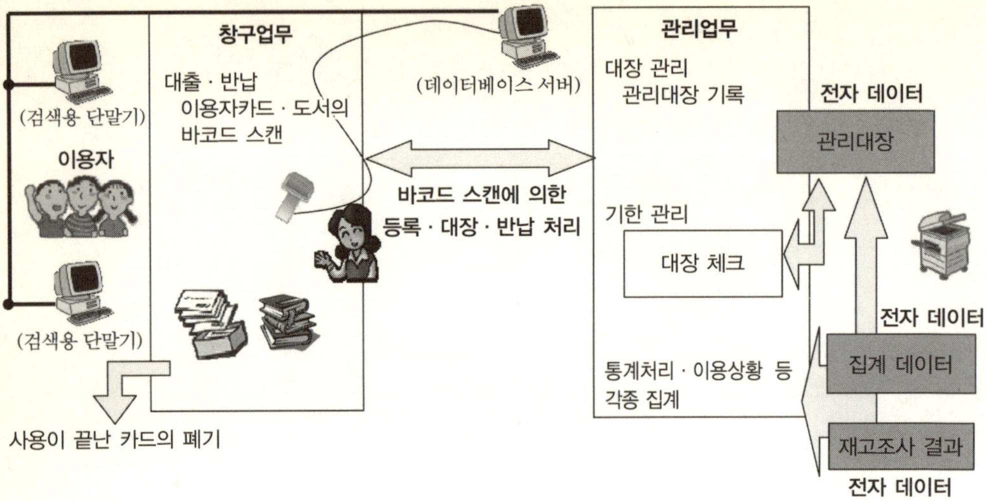

▲ 그림 4.6.2-2
'리브르' 도입 후의 모델

서관 측은 관리대장(종이)을 이용하여 일상 관리나 재고조사를 실시하는 방식을 이용했다. '리브르' 도입 후에는 대출카드를 작성하지만 대출은 바코드 판독방식으로 실시하며, 일상 관리와 재고조사는 데이터베이스 서버와 PC, 바코드 판독기기 등을 이용한다.

표 4.6.2-1은 환경부하 평가에 있어서의 라이프 사이클 단계와 평가

표 4.6.2-1 **환경부하 평가에 있어서의 라이프 사이클 단계와 평가대상 · 활동의 관계**

[범례 (○ : 평가대상, — : 평가대상 외)]

라이프 사이클 단계 / 활동	조달	설계 · 개발 · 제조	출하	유통	설치	기동 작업	운용	회수	폐기 · 리사이클
1) 재료 · 에너지 소비	○	○	○	○	○	○	○	○	○
2) ICT 기기 이용	—	—	—	—	—	—	○	—	—
3) 네트워크 인프라 이용	—	—	—	—	—	—	○	—	—
4) 소프트웨어 이용	—	○	—	—	—	—	—	—	—
5) 물자의 이동	—	—	—	○	—	—	—	○	—
6) 사람의 이동	—	—	—	—	—	—	—	—	—
7) 물자의 보관	—	—	—	—	—	—	—	—	—
8) 사람의 업무	—	○	—	—	○	○	○	—	—

표 4.6.2-2 각 라이프 사이클 단계의 평가대상과 주요 값

<table>
<tr><th colspan="2">라이프 사이클 단계</th><th>'리브르' 도입 전</th><th>'리브르' 도입 후</th></tr>
<tr><td colspan="2">조달</td><td>복사기 1대
(히타치 환경적합 설계평가 툴에서의 LCA 평가결과를 사용)</td><td>서버, PC, 복사기 등
(히타치 환경적합 설계평가 툴에서의 LCA 평가결과를 사용)</td></tr>
<tr><td colspan="2">설계 · 개발 · 제조※</td><td>—</td><td>'리브르' 개발비용</td></tr>
<tr><td colspan="2">출하</td><td>—</td><td>CD : 1장, 취급설명서 : 약 375장
포장용 골판지 : 1상자</td></tr>
<tr><td colspan="2">유통</td><td>복사기를 4t 트럭으로 100km 운송</td><td>서버, PC, 복사기 등을 4t 트럭으로 100km 운송</td></tr>
<tr><td colspan="2">설치※</td><td></td><td>설치작업 공수</td></tr>
<tr><td colspan="2">기동작업※</td><td></td><td>기동작업 공수</td></tr>
<tr><td rowspan="5">운용</td><td>종이소비</td><td>9,892장/년</td><td>751장/년</td></tr>
<tr><td>사람의 업무</td><td>7,776시간/년</td><td>3,835시간/년</td></tr>
<tr><td>전력소비</td><td>복사기의 소비전력 : 11.2kWh/년</td><td>서버, PC, 복사기 등 시스템 전체의 소비전력 : 567kWh/년</td></tr>
<tr><td>기타 부하</td><td>이용자 카드(플라스틱)</td><td>이용자 카드(플라스틱), 도서 라벨(종이)</td></tr>
<tr><td>유지보수 작업※</td><td>복사기의 유지보수 작업</td><td>시스템 전체의 유지보수 작업</td></tr>
<tr><td colspan="2">회수</td><td>복사기를 4t 트럭으로 리사이클 공장까지 100km 운행</td><td>서버, PC, 복사기 등을 4t 트럭으로 리사이클 공장까지 100km 운송</td></tr>
<tr><td colspan="2">폐기 · 리사이클</td><td>복사기</td><td>서버, PC, 복사기 등</td></tr>
</table>

※ 사업소 환경효율(사업소 매상 ÷ 환경부하)을 이용하여 산출함.

대상 · 활동의 관계를 나타낸 것이며, **표 4.6.2-2**는 각 라이프 사이클 단계의 평가대상과 주요 값을 나타낸 것이다.

(4) 평가대상으로 한 환경부하

CO_2를 평가대상으로 설정하였다.

(5) 인벤토리 분석에 사용한 CO_2 배출원 단위

표 4.6.2-3은 인벤토리 분석에 사용한 CO_2 배출원 단위의 일례를 나타낸 것이다.

표 4.6.2-3 인벤토리 분석에 사용한 CO_2 배출원 단위 등의 일례

부하 항목	원단위 등	출전
전력	0.436kg-CO_2/kWh	전기사업연합회(2003년도 값)
종이 제조	1,307kg-CO_2/kg	제지회사 제공 값(PPC 용지(헌종이 0%))
작업 공수	2.36kWh/명/시간	사업소 실측값

(6) 평가에 사용한 툴

히타치 그룹이 개발한 SI-LCA[12, 13]를 사용하였다.

(7) 결과

그림 4.6.2-3은 '리브르' 도입 전후에 있어서의 라이프 사이클 단계 전체를 대상으로 한 1년간 CO_2 배출량을 나타낸 것이다. 또 **그림 4.6.2-4**는 '운용' 단계의 CO_2 배출량만 나타낸 것이다. '리브르' 도입에 의해 조달기기의 제조와 운용단계에서의 전력소비에 따른 CO_2 배출량은 증가하지만, 일상 관리업무와 재고조사 작업의 효율 향상에 의한 작업 공수 저감효과가 크고 운용단계에서의 종이소비량을 줄일 수 있어 라이프 사이클 전체에서 발생하는 CO_2 배출량을 41% 저감할 수 있다는 결과를 얻었다.

▼ **그림 4.6.2-3 라이프 사이클 단계 전체를 대상으로 한 평가결과**

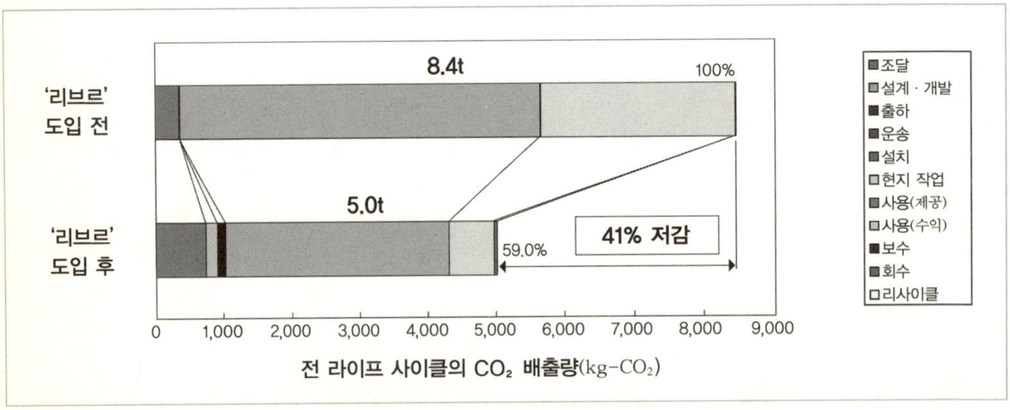

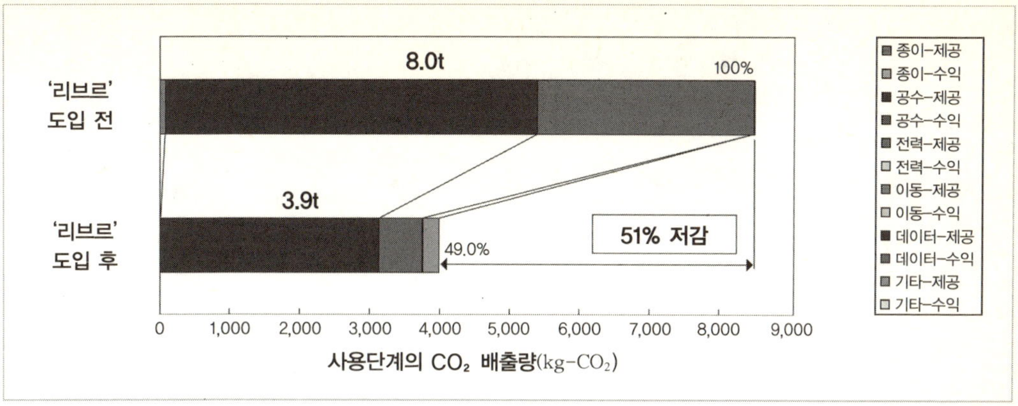

▲ 그림 4.6.2-4 운용단계만의 평가결과

4.6.3 '리브르'의 환경효율 및 팩터 평가

(1) 평가의 목적

도서관 관리자에게 '리브르' 도입에 의해 얻어지는 가치를 고려한 환경효율과 팩터 평가결과를 제공하기 위함이다.

(2) 가치의 정량화

'리브르' 도입에 의해 장서 회전율(연간 대출 권수 ÷ 장서 수)의 향상이 기대되지만, 본 사례에서는 그 수치를 확보할 수 없어 이번에는 인터넷으로 도서검색이나 예약이 가능한 시스템을 도입한 도서관을 이용하였다. 그 결과 도쿄의 분쿄쿠 도서관이 Web(http://www.lib.city.bunkyo.lg.jp/kakukan_annai/tokei.html)에서 도입 전후의 실적에 대해 '예약 · 요청건수가 약 2.08배, 대출건수가 1.07배 증가하였다'라고 공표한 자료를 구하였다. 여기서 대출건수의 증가 수치인 '1.07'을 이용하여 장서 회전율을 계산하였다.

(장서 회전율 계산) 도입 전 1개월의 대출 권수를 900건으로 설정하였다.

$$\text{도입 전 장서 회전 수} = \frac{900\text{권/월} \times 12}{10{,}000\text{권}} \times 100 = 108\% \quad \textbf{(식 4.6.3-1)}$$

$$\text{도입 후 장서 회전 수} = \frac{900\text{권/월} \times 1.07 \times 12}{10{,}000\text{권}} \times 100 = 115.6\% \quad \textbf{(식 4.6.3-2)}$$

(3) 계산방법

식 4.6.3-3, **식 4.6.3-4**에서 도입 전후의 환경효율을, **식 4.6.3-5**에서 팩터를 산출하였다.

$$\text{도입 전의 환경효율} = \frac{108.0}{8.4\text{t-CO}_2\text{/년}} = 12.9 \quad \textbf{(식 4.6.3-3)}$$

$$\text{도입 후의 환경효율} = \frac{115.6}{5.2\text{t-CO}_2\text{/년}} = 22.2 \quad \textbf{(식 4.6.3-4)}$$

$$\text{팩터} = \frac{\text{도입 후의 환경효율}}{\text{도입 전의 환경효율}} = \frac{22.2}{12.9} = 1.7 \quad \textbf{(식 4.6.3-5)}$$

(4) 결과

장서 회전율을 가치로 하여 팩터를 계산한 결과 팩터 1.7이라는 결과를 얻었다.

4.7 차세대형 환경정보관리 솔루션(NEC)

4.7.1 GreenGlobe의 개요

그림 4.7.1-1은 차세대형 환경정보관리 솔루션 GreenGlobe의 개요

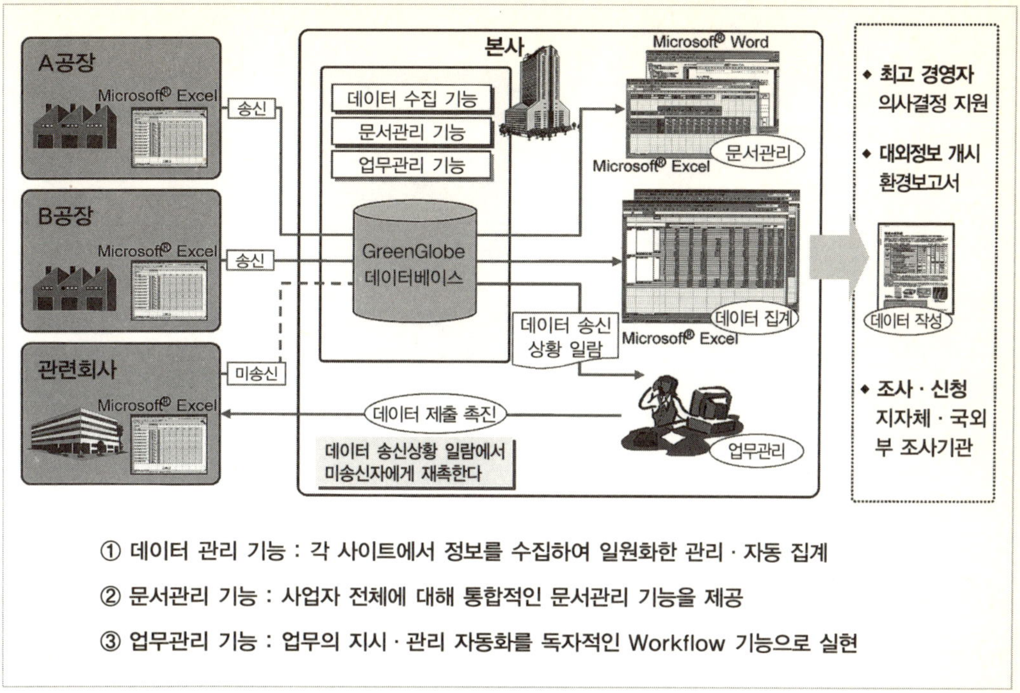

▲ **그림 4.7.1-1 차세대형 환경정보관리 솔루션 GreenGlobe의 개요**

를 나타낸 것이다. GreenGlobe는 고도의 환경관리 시스템 구축을 위한 솔루션으로, 해외를 포함한 각 사이트에서 분산관리되고 있는 환경부하 데이터와 환경회계 등의 정보를 사내 인터넷을 통해 수집하여 일괄 관리할 수 있는 정보시스템을 기반으로 한다. 즉, 컨설팅 및 시스템 구축에서 운용 · 유지보수에 이르기까지의 원 스톱 서비스를 제공하는 솔루션이다.

4.7.2 GreenGlobe의 환경부하 평가

(1) 평가의 목적

고객, 특히 기업 고객에게 차세대형 환경정보관리 솔루션 GreenGlobe 도입에 의한 환경부하 저감 효과를 전달하기 위함이다.

(2) 기능 단위

본 평가에서는 아래와 같은 기능을 갖춘 GreenGlobe 시스템 일체를 기능 단위로 정한다.

운용기간은 1년으로 한다.

a. 본사에서 7개 사업장에 대해 실시하는 데이터 관리 기능

b. A4 환산으로 100만 장의 종이에 상당하는 문서의 관리 기능

c. 본사에서 7개의 사업장에 대해 업무를 지시하는 업무관리 기능

(3) 시스템 경계

▼ 그림 4.7.2-1 GreenGlobe의 환경부하 평가모델

그림 4.7.2-1은 평가모델을 나타낸 것이다.

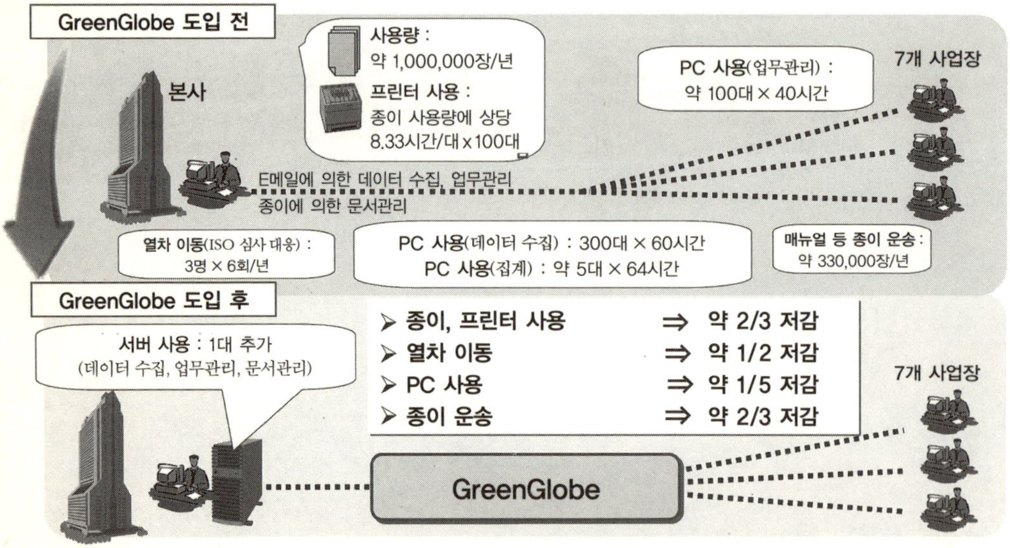

이들 모델의 상세 조건은 다음과 같다.

1) GreenGlobe 도입 전 모델

① 데이터 집계(1)

7개의 사업장에서 각종 환경정보를 집계하기 때문에 PC 및 디스플레이를 300대, 60시간/년 사용한다.

② 데이터 수집 · 업무관리

집계한 데이터의 본사 송신과 함께 일상의 환경관리 업무를 관리하기 위해 메일을 이용하므로, PC 및 디스플레이를 100대, 40시간/년 사용한다. 또 인트라넷을 1대당 24MB/년 이용한다.

③ 데이터 집계(2)

수집된 데이터를 본사에서 집계하기 때문에 PC 및 디스플레이를 5대, 64시간/년 사용한다.

④ 문서관리

그림 4.7.2-1에 기재한 환경정보를 포함하여 환경관리 시스템에서 필요로 하는 여러 가지 문서를 정비하기 위해 A4로 환산한 연 100만 장/년의 종이를 사용하며, 인쇄를 위해 프린터 100대를 8.33시간/년 사용한다. 또 이 중에서 A4로 환산한 33만 장의 종이는 사업장-본사 사이에서 60km를 운송하게 된다.

⑤ 감사 대응

환경관리 시스템의 감사를 위해 감사원 3명이 연간 6회, 열차로 60km를 이동한다.

2) GreenGlobe 도입 후 모델

① 데이터 집계(1)

도입 전 모델과 동일하다.

② 데이터 수집 · 업무관리

시스템 도입에 의해 업무관리를 위한 정보교환 시 메일 대신 시스템을 이용하기 때문에 서버 1대를 항상 사용하게 된다. 또 인트라넷을 도입 전 모델의 약 10배, 1대당 240MB/년 이용한다.

③ 데이터 집계(2)

시스템 도입에 의해 데이터 수집이 효율화되기 때문에 PC 및 디스플레이를 시스템 도입 전의 약 1/5인 14.4시간/년 사용한다.

④ 문서관리

시스템 도입에 의해 문서관리의 전자화가 이루어지기 때문에 시스템 도입 전의 약 1/3인 A4 환산 연 33만 장/년의 종이를 사용하며, 인쇄를 위해 프린터를 시스템 도입 전의 약 1/3인 2.75시간/년 사용한다. 또 시스템 도입 전의 약 1/3인 A4 환산 11만 장의 종이를 운송한다.

⑤ 감사 대응

시스템 도입에 의해 환경관리 시스템의 전자심사가 실현되기 때문에 감사원이 약 1/2로 줄고 연간 3회 이동한다.

평가방법은 '정보통신기술(ICT)의 환경효율 평가 가이드라인'[14]에 따

표 4.7.2-1 환경부하 평가에 있어서의 라이프 사이클 단계와 평가대상 · 활동의 관계

[범례 (○ : 평가대상, — : 평가대상 외)]

라이프 사이클 단계 / 활동	⑦ 운용
1) 재료 · 에너지 소비	○
2) ICT 기기 이용	○
3) 네트워크 인프라 이용	○
4) 소프트웨어 이용	—
5) 물자의 이동	○
6) 사람의 이동	○
7) 물자의 보관	—
8) 사람의 업무	—

(주) 평가대상은 라이프 사이클의 운용단계만 대상으로 함.

라 실시하였다. **표 4.7.2-1**은 GreenGlobe의 환경부하 평가에 있어서의 라이프 사이클 단계와 평가대상 · 활동의 관계를 나타낸 것이다. 본 평가에서는 라이프 사이클 단계 중 운용단계를 대상으로 하였다. 왜냐하면 다른 라이프 사이클 단계의 환경부하는 무시할 수 있을 정도로 작기 때문이다. 실제 평가는 NEC가 개발한 에코 솔루션 설계 지원 툴[15]을 이용하여 계산하였다.

(4) 인벤토리 분석에 사용한 원단위

전력을 포함한 환경부하 원단위는 'LCA SUPPORT 데이터베이스 니폰' 및 'LCA SUPPORT 데이터베이스 1995년도 판 산업연관표'를 이용하였다. IP 접속 서비스는 문헌[16]에서 2.5×10^{-3}kg-CO_2/MB를 사용하였다. **표 4.7.2-2**는 GreenGlobe의 환경부하 평가에 사용한 환경부하 원단위를 나타낸 것이다.

표 4.7.2-2 GreenGlobe의 환경부하 평가에 사용한 환경부하 원단위

활동	환경부하 항목	CO_2 원단위	출전 등
재료 · 에너지 소비	종이 제조 · 소각	※	종이 제조는 JEMAI-LCA 데이터베이스, 종이 소각은 셀룰로오스의 완전연소로 계산
ICT 기기 이용	전기 제조	※	LCA SUPPORT 데이터베이스 니폰
네트워크 인프라 이용	IP망 이용	0.0025kg-CO_2/MB	산업환경관리협회, 「정보통신기술(ICT) 서비스의 환경효율 사례 수집 및 산정기준에 관한 검토 성과 보고서」(2004)
물자의 이동	영업용 보통 트럭	0.176kg-CO_2/t/km	국토교통부, 「교통관계 에너지 요람 2000년도 판」(2001)
사람의 이동	철도	0.018kg-CO_2/명/km	국토교통부, 「교통관계 에너지 요람 2000년도 판」(2001)

※ 데이터가 유상으로 배포되는 것이므로 값을 본지에 게재할 수 없음.

(5) 결과

그림 4.7.2-2는 GreenGlobe 도입 전 모델과 도입 후 모델에 있어 운용단계에서 1년간 발생한 CO_2 배출량을 나타낸 것이다. 이번 평가모델에서는 GreenGlobe를 도입하여 약 58%의 CO_2 배출량이 저감된다는 결과를 얻었다. GreenGlobe 도입 전의 경우, 문서관리를 위한 종이 사용에 기인하는 재료 · 에너지 소비의 CO_2 배출량이 전체의 약 80%를 차지한다. GreenGlobe 도입에 의해 문서관리가 전자화되어 필요한 만큼 최소한의 종이만 사용하도록 억제되었기 때문에 CO_2 배출량이 저감된다. 또 종이 사용량이 줄어들어 종이의 운송에 기인하는 물자의 이동에서의 CO_2 배출량이 줄어들며, 또한 전자심사의 도입에 의해 심사원의 이동에 기인하는 사람의 이동에서의 CO_2 배출량도 줄어든다.

▼ 그림 4.7.2-2 GreenGlobe의 환경부하 평가결과(시스템 운용 1년당)

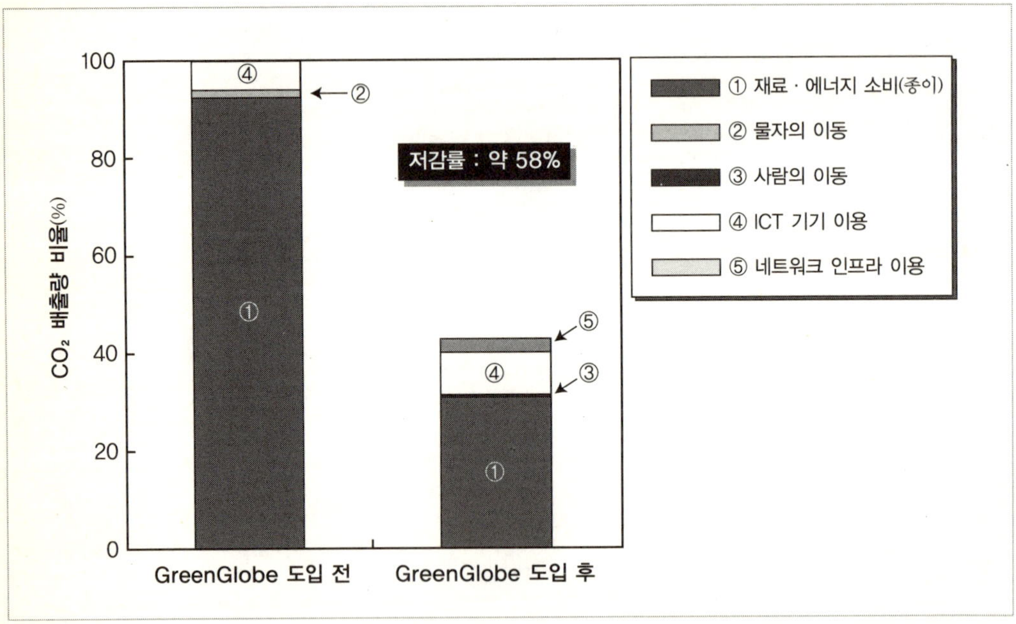

서버 도입에 의해 영업관리를 위한 정보를 교환할 때 인트라넷 이용이 늘어 ICT 기기 이용과 네트워크 인프라 이용에서의 CO_2 배출량은 증가하

지만, 그 밖의 CO_2 저감량이 많기 때문에 전체적으로는 CO_2 배출량 저감이 실현되었다.

4.7.3 GreenGlobe의 환경효율 및 팩터 평가

(1) 평가의 목적

고객, 특히 기업 고객에게 차세대형 환경정보관리 솔루션인 GreenGlobe 도입에 의해 환경효율이 향상되었음을 알리기 위함이다.

(2) GreenGlobe '가치'의 정량화

환경효율 평가의 분자가 되는 가치지표로서는 생산성, 이용편의성, 조작용이성, 활동비용 등 여러 가지를 생각할 수 있으나, 4.7.2 (2)와 같이 GreenGlobe의 기능 단위에 기재한 내용 이외의 기능도 여러 가지 존재하므로 현 시점에서 정량적인 가치지표를 정하는 것은 쉽지 않다. 따라서 본 사례평가에서는 GreenGlobe 도입 전후에 대한 가치를 1로 임시 정했다. 또 환경효율의 분모가 되는 환경부하지표는 4.7.2에서 산출한 CO_2 배출량으로 정했다.

(3) 계산방법

평가방법은 '정보통신기술(ICT)의 환경효율 평가 가이드라인'[14]에 따라 실시하였다.

(4) 결과

그림 4.7.3-1은 GreenGlobe 도입 전과 도입 후의 환경효율 평가결과를 나타낸 것이다. 그래프의 세로축은 GreenGlobe 도입 전의 값을 1로

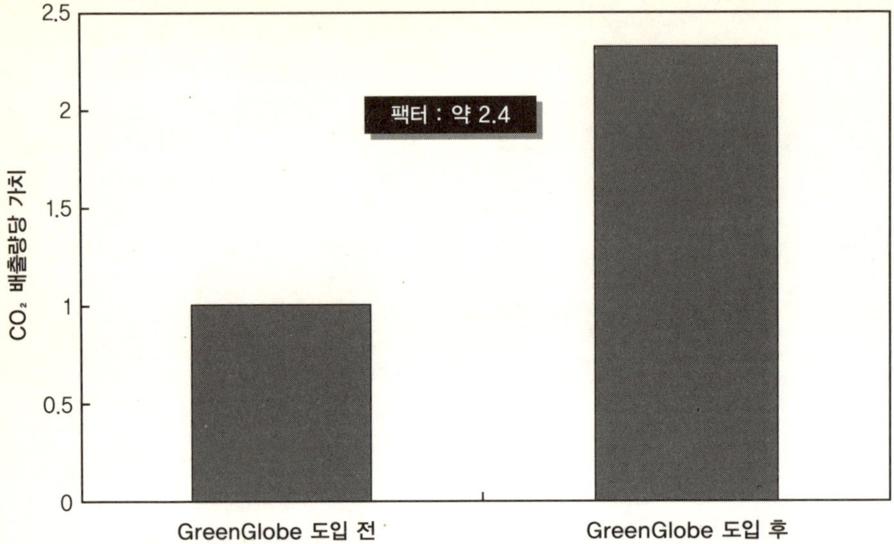

▲ **그림 4.7.3-1 GreenGlobe의 환경부하 평가결과**(시스템 운용 1년당)

정한 경우의 CO_2 배출량당 가치를 나타낸 것이다. 이로써 GreenGlobe 도입에 의해 환경효율이 약 2.4배 향상되었다는 결과를 얻었다.

4.8 문서관리 · 활용 소프트웨어(후지 제록스)

4.8.1 문서관리 · 활용 소프트웨어 ArcWizShare의 개요

ArcWizShare는 서류검색, 열람, 다운로드, 등록, 삭제 등에 대해 보안을 확보하면서 Web 베이스에서 사용할 수 있는 정보관리 · 활용 소프트웨어이다.

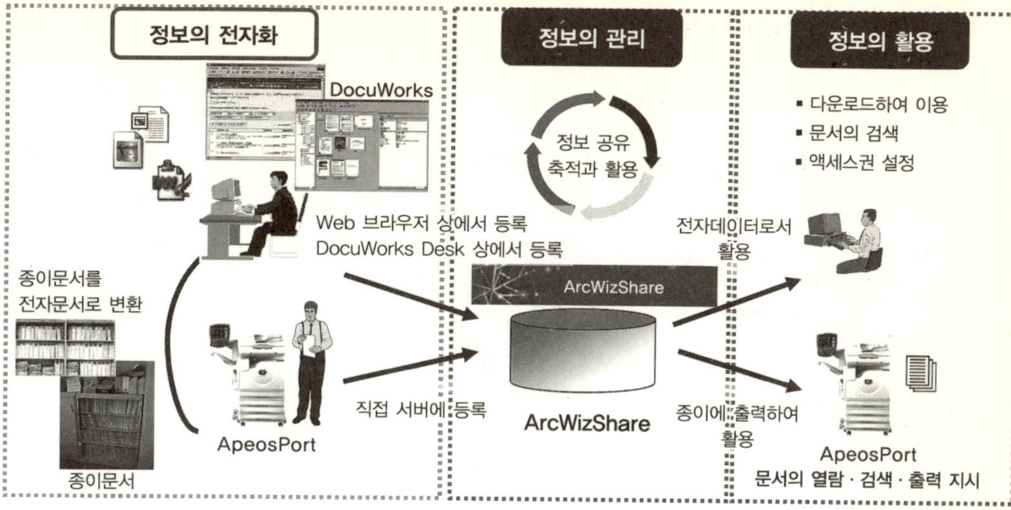

▲ 그림 4.8.1-1 ArcWizShare의 개요

4.8.2 ArcWizShare의 환경부하 평가

(1) 평가의 목적

당사가 상정한 기업 고객을 대상으로 Web 베이스 정보관리 및 활용 소프트웨어인 ArcWizShare의 표준적인 시스템 구성을 도입한 경우의 환경부하 저감 효과에 대해 전달하는 것을 목적으로 한다.

(2) 기능 단위

사양서 · 제안서 등의 서류를 취급하는 개발 · 계획 · 영업 등 종업원 수가 약 150명인 사무실에서 다음과 같은 문서량을 취급하는 업무를 1년간 운용하는 것을 기능 단위로 설정한다.

a. 종이문서 자료보관량 : 25문서/일

b. 보관문서의 검색건수 : 1건/명/일

c. 종이문서의 회람 : 25문서/일, 회람문서의 열람 : 1문서/명/일

d. 과거의 종이문서 자료보관량 : 3만 문서

(3) 시스템 경계

그림 4.8.2-1은 ArcWizShare 도입 전의 평가모델을 나타낸 것이며, 그림 4.8.2-2는 도입 후의 평가모델을 나타낸 것이다.

▲ 그림 4.8.2-1 ArcWizShare 도입 전의 평가모델

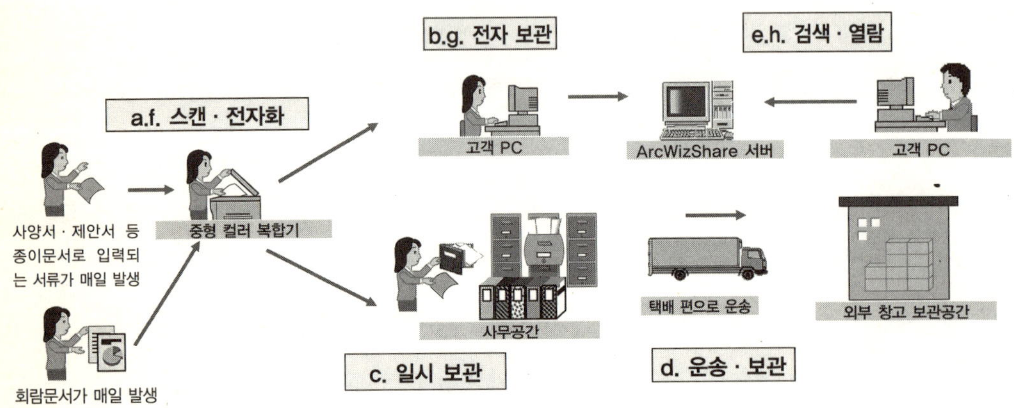

▲ 그림 4.8.2-2 ArcWizShare 도입 후의 평가모델

1) ArcWizShare 도입 전

a. 사양서 · 제안서 등 종이문서로 발생하는 서류를 파일링 · 정리하여 사무실 내의 캐비닛에 보관하였다.

b. 캐비닛에 보관되 있는 서류는 각자가 캐비닛까지 가서 검색 · 열람하였다.

c. 회람문서가 매일 발생하며, 필요한 부수를 복사하여 팀 단위로 회람하였다.

2) ArcWizShare 도입 후

a. 사양서 · 제안서 등 종이문서로 발생하는 서류를 스캐닝하여,

b. ArcWizShare 서버에 전자파일로 등록하고,

c. 전자파일로 등록된 서류의 원본은 일시적으로 사무실 내의 캐비닛에 보관하며,

d. 매달 모아서 택배 편으로 외부 창고에 운송하여 보관한다.

e. ArcWizShare 서버에 전자파일로 등록되어 있는 서류는 각자의 PC로 검색 · 열람한다.

f. 매일 발생하는 회람문서는 스캐닝하여 전자문서화하고,

g. ArcWizShare 서버에 등록하면 관계자에게 통지되며,

h. 각자의 PC로 전자화된 회람문서를 열람한다.

표 4.8.2-1 ArcWizShare 환경부하 평가에 있어서의 라이프 사이클 단계와 평가대상 · 활동의 관계

[범례 (○ : 평가대상, — : 평가대상 외)]

라이프 사이클 단계 / 활동	조달	설계 · 개발 · 제조	출하	유통	설치	기동 작업	운용	회수	폐기 · 리사이클
1) 재료 · 에너지 소비	—	—	—	—	—	—	○	—	—
2) ICT 기기 이용	—	—	—	—	—	—	○	—	—
3) 네트워크 인프라 이용	—	—	—	—	—	—	—	—	—
4) 소프트웨어 이용	—	—	—	—	—	—	—	—	—
5) 물자의 이동	—	—	—	—	—	—	○	—	—
6) 사람의 이동	—	—	—	—	—	—	—	—	—
7) 물자의 보관	—	—	—	—	—	—	○	—	—
8) 사람의 업무	—	—	—	—	—	—	—	—	—

(주) 재료 · 에너지 소비 : 용지 사용량, 골판지 상자 사용량 등(제조~폐기를 포함)
ICT 기기 이용 : 서버와 PC, 복합기 등의 전력 사용량
물자의 이동 : 택배 편이나 2t 트럭의 이용량
물자의 보관 : 사무공간 또는 창고공간의 이용량(문서류 보관을 위한 공간이나 ICT 기기의 설치공간 등)

표 4.8.2-1은 ArcWizShare 환경부하 평가에 있어서의 라이프 사이클 단계와 평가대상 · 활동의 관계를 나타낸 것이다. 기본적으로는 운용 이외의 단계에 대한 환경부하는 무시할 수 있을 정도로 작다고 판단하여

운용단계만을 평가대상으로 하였다.

(4) 인벤토리 분석에 사용한 원단위

표 4.8.2-2는 ArcWizShare 환경부하 평가에 사용한 주요 환경부하 원단위와 출전을 나타낸 것이다.

표 4.8.2-2 평가에 사용한 주요 CO_2 배출원 단위

부하 항목	원단위 등	출전
용지	1.99g-CO_2/kg	도시바 Easy-LCA(2000년 산업관련표) 등에서 작성
골판지	1.30kg-CO_2/kg	도시바 Easy-LCA(2000년 산업관련표) 등에서 작성
전력	0.421kg-CO_2/kWh	전기사업연합회 2004년도 실적
택배 편 이용	0.819kg-CO_2/t/km	2002년도 국토교통백서(영업용 소형 트럭)
건물공간	45.8kg-CO_2/m^2/년	도시바 Easy-LCA(2000년 산업관련표) 등에서 작성

(주) 평가에서는 상기 원단위를 기초로 작성한 2차 · 3차 원단위를 사용.

(5) 결과

표 4.8.2-3은 ArcWizShare 도입 전과 도입 후의 운용단계에 대한 1년간 주요 활동량을 나타낸 것이다.

그림 4.8.2-3은 ArcWizShare 도입 전과 도입 후의 1년간 CO_2 배출량을 나타낸 것이다.

표 4.8.2-3 ArcWizShare 도입 전 · 도입 후의 주요 활동량(운용단계에서 1년간)

활동	환경부하 항목	도입 전	도입 후
재료 · 에너지 소비	용지 사용량(A4 환산)	16.5만 장	0
	골판지 사용량	0	205상자
ICT 기기 이용	서버, PC 등의 전력 사용량	77.8kWh	478.3kWh
물자의 이동	택배 편 이용량	0	5.9t · km
물자의 보관	사무공간 이용량	44.0m^2	5.6m^2
	창고공간 이용량	0	7.6m^2

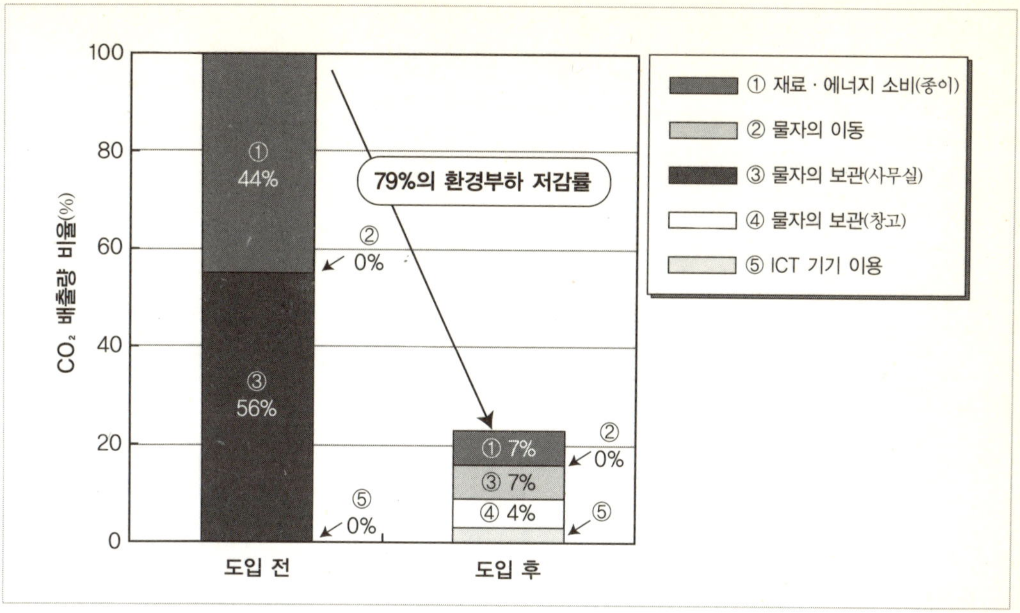

▲ 그림 4.8.2-3 ArcWizShare **도입에 따른 CO_2 배출량의 변화 예측**

ArcWizShare 도입 시에 보관되어 있던 과거의 종이문서 자료를 스캐닝하여 전자파일로 등록하는 작업은 도입 직후부터 2개월이라는 시간을 필요로 한다. 이를 위한 복합기 등의 전력 사용량이나 단계적으로 감소하는 사무실 내의 보관공간, 반대로 단계적으로 증가하는 외부 창고공간, 외부 창고로의 운송을 포함하여 사용기간을 평균 3년간으로 상정하였다.

이번 평가에서는 ArcWizShare 도입으로 CO_2 배출량을 79% 저감할 수 있다고 간주하였다. 주요 저감 효과로는 용지에 의한 보관 · 검색 · 열람이 전자문서화되어 사무공간이 절약된다는 것과 종이문서 열람이 전자문서화되어 용지 사용량이 절감된다는 사실을 들 수 있다.

4.8.3 ArcWizShare의 환경효율 및 팩터 평가

(1) ArcWizShare '가치'의 정량화

ArcWizShare 도입에 따라 생산성과 업무효율성이 향상될 것으로 예상되지만, 이들 가치지표의 정량화에 대해서는 논의가 계속 진행 중이므로 이번 평가에서는 도입 전 · 도입 후를 1로 설정하였다.

(2) 결과

'가치'를 1로 설정했기 때문에 환경효율은 도입 전 · 도입 후 환경부하의 역수가 된다. 팩터는 도입 전 · 도입 후 각각의 환경효율에 대한 비를 말하며, 다음과 같다.

$$\text{ArcWizShare 도입에 의한 팩터 평가} = \frac{1}{1 - 0.79} = 4.8 \qquad \textbf{(식 4.8.3-1)}$$

[평가 실시 : 후지 제록스/서비스 기술개발본부/아오야기 마사아키(青柳 雅明) 외]

4.9 카탈로그 공유 서비스(캐논)

4.9.1 ICT '카탈로그 공유 서비스'의 개요

카탈로그 공유 서비스란 인터넷 서버를 사용하여 전자화된 카탈로그를 공유하는 서비스를 말한다. 카탈로그 정보를 인터넷 서버에 일단 등록해 두면 각 영업소에서 필요할 때 카탈로그를 찾아 필요한 수만큼 인쇄할 수 있다.

4.9.2 ICT '카탈로그 공유 서비스'의 환경부하 평가

(1) 평가의 목적

본 환경부하 평가는 인터넷 서버를 사용한 '카탈로그 공유 서비스'를 대상으로 하여 본 서비스 도입에 의한 환경부하, 그 중에서도 CO_2 배출량 저감 효과를 고객들에게 알리기 위함이다.

(2) 기능 단위

A3 카탈로그 1장(데이터량 1MB)을 인터넷 서버에 1년간 등록하고, 50개의 영업소에서 1,000부씩(합계 50,000부) 출력하는 것을 기능 단위로 설정한다.

(3) 시스템 경계

그림 4.9.2-1은 평가모델을 나타낸 것이다. 평가모델의 상세 조건은 다음과 같다.

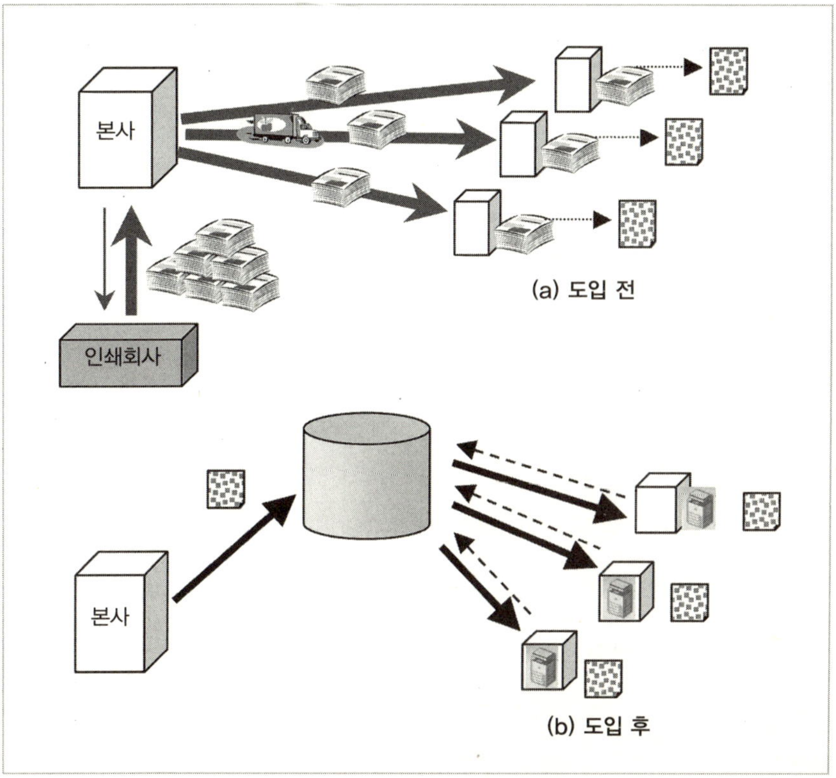

◀ **그림 4.9.2-1** '카탈로그 공유 서비스'의 평가모델

1) 도입 전 모델

인쇄회사에서 인쇄한 카탈로그를 각 영업소에 트럭으로 운송한다. 영업소에서는 사무실 안팎에 보관장소를 확보하고 보관장소 사이의 운송에 적당한 인력을 사용한다.

a. 배송부수 : 필요량에 10% 추가한 1,100부를 영업소에 배송
b. 영업소까지의 거리 : 평균 50km
c. 카탈로그 보관 : 사무실 내 5단 책장에 100부를 항상 보관하고, 나머지는 외부 창고에 보관
d. 카탈로그 폐기 : 여분의 카탈로그 100부는 소각처분

2) 도입 후 모델

본사에서 카탈로그의 전자데이터를 인터넷 서버에 등록하고, 각 영업소가 필요로 하는 양에 맞추어 카탈로그 데이터를 찾아 인쇄한다.

a. 1회당 인쇄부수 : 1부
b. 종이 운송 : 영업소에서 항상 보관하고 있는 종이만 사용되므로 종이 운송은 고려하지 않음.
c. 카탈로그 보관 : 없음
d. 카탈로그 폐기 : 없음

표 4.9.2-1은 본 환경부하 평가에 있어서의 라이프 사이클 단계와 평가대상 · 활동의 관계를 나타낸 것이다. 제조단계 등 다른 단계에서의 환경부하 유발량은 무시할 수 있을 정도로 적다고 판단하여 운용단계만을 평가대상으로 하였다. 운용단계에는 카탈로그 제조(용지 제조, 잉크 · 토너 제조, 인쇄기 · 복합기의 전력소비), 서버 이용 및 인터넷망 이용, 카탈로그 운송, 카탈로그 보관, 카탈로그 폐기(영업소 재고분)가 포함된다. 카탈로그

표 4.9.2-1　　환경부하 평가에 있어서의 라이프 사이클 단계와 평가대상 · 활동의 관계

[범례 (○ : 평가대상, ― : 평가대상 외)]

활동 \ 라이프 사이클 단계	조달	설계 · 개발 · 제조	출하	유통	설치	기동 작업	운용	회수	폐기 · 리사이클
1) 재료 · 에너지 소비	―	―	―	―	―	―	○	―	―
2) ICT 기기 이용	―	―	―	―	―	―	○	―	―
3) 네트워크 인프라 이용	―	―	―	―	―	―	○	―	―
4) 소프트웨어 이용	―	―	―	―	―	―	―	―	―
5) 물자의 이동	―	―	―	―	―	―	―	―	―
6) 사람의 이동	―	―	―	―	―	―	―	―	―
7) 물자의 보관	―	―	―	―	―	―	○	―	―
8) 사람의 업무	―	―	―	―	―	―	―	―	―

디자인, 인쇄기 · 복합기와 서버의 제조 · 폐기 · 유지보수 · 영업소에서의 직원업무 등은 포함되지 않는다.

(4) 인벤토리 분석에 사용한 원단위

표 4.9.2-2는 인벤토리 분석에 사용한 주요 원단위를 나타낸 것이다. 그 밖에 JEMAI-LCA를 사용하였다.

표 4.9.2-2　　평가에 사용한 주요 원단위

	원단위	출전
서버 소비전력	0.0125kWh/MB/년	대표 서버 정격값
인터넷 사용	2.5kg-CO_2/GB	정보통신기술(ICT) 서비스의 환경효율 사례 수집 및 산정기준에 관한 검토성과 보고서
사무공간	101kg-CO_2/m^2/년	『빌딩의 에너지 절약 가이드북』(2006년도 판)에서 산출

(5) 결과

그림 4.9.2-2는 '카탈로그 공유 서비스' 도입 전후에 있어서의 환경

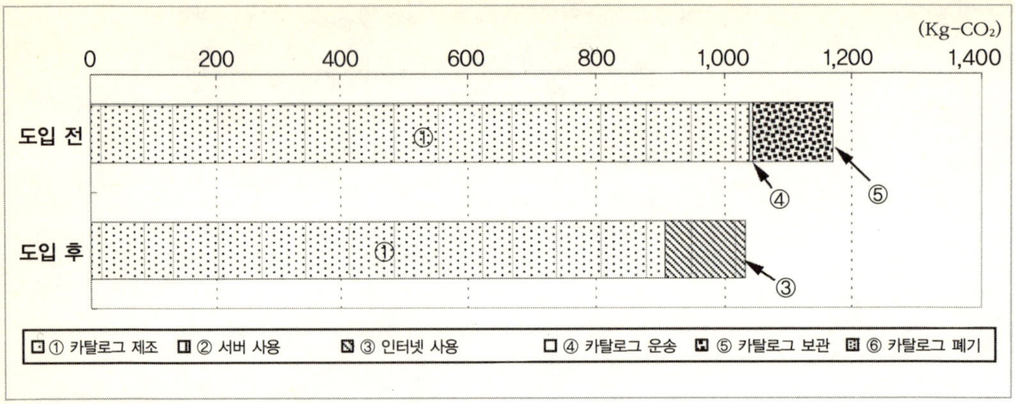

▲ 그림 4.9.2-2 평가결과

부하(CO_2 배출량) 평가결과를 나타낸 것이다. '카탈로그 공유 서비스' 도입에 의해 인터넷 사용에 기인하는 CO_2 배출량은 증가하지만, 한편으로 여분의 카탈로그를 작성할 필요가 없다는 점과 카탈로그 보관장소가 필요 없다는 점 등에 의한 CO_2 배출량이 줄어들어 전체적으로 약 12%의 CO_2 저감 효과를 나타냈다.

4.9.3 ICT '카탈로그 공유 서비스'의 환경효율 및 팩터 평가

(1) 평가의 목적

4.9.2 (1)의 환경부하 평가목적과 동일하다.

(2) ICT '카탈로그 공유 서비스'의 '가치' 정량화

본 서비스의 목적은 고객에게 카탈로그를 제공하기 위함이며, 그러한 관점에서 볼 때 도입 전후의 가치는 동등하다고 할 수 있다.

그 밖의 효용성으로서는 우선 카탈로그 보관장소의 절약 효과를 들 수 있는데, 이는 환경부하로 계산했기 때문에 이중으로 계산되지 않도록 '가치'에는 계산하지 않았다. 그 밖에 업무효율 등을 가치로 들 수 있는데, 본 사례에서는 도입 전후의 가치를 동등하다고 간주하여 도입 전 = 도입 후 = 1로 설정하였다.

(3) 계산방법(식)

가치를 1로 설정했기 때문에 환경효율은 환경부하 평가결과의 역수가 된다. 팩터는 기준 제품(서비스)의 환경효율에 대한 대상 제품(서비스)의 환경효율 비를 말하므로 다음과 같은 식으로 구할 수 있다.

$$\text{팩터} = \frac{1/\text{도입 후 환경부하}}{1/\text{도입 전 환경부하}} \qquad \text{(식 4.9.3-1)}$$

(4) 결과

상기 (3)에 따라 계산하면 팩터는 1.13이 된다.

4.10 정보의 공유화 시스템(후지쯔)

4.10.1 MyWeb Portal Office의 개요

그림 4.10.1-1은 MyWeb Portal Office의 개요를 나타낸 것이다. MyWeb Portal Office는 사내의 커뮤니케이션을 원활히 하여 정보의 공유화를 도모하는 인트라넷형 그룹웨어이다.

일본의 조직형태에 알맞게 대응할 수 있으며, Web 상에서 누구라도 조작할 수 있는 간편함을 갖춘 커뮤니케이션 툴이다. 업무를 원활하게 하는 그룹웨어 기능은 게시판, 스케줄, 결재 등을 표준으로 17개의 기능이 존재한다.

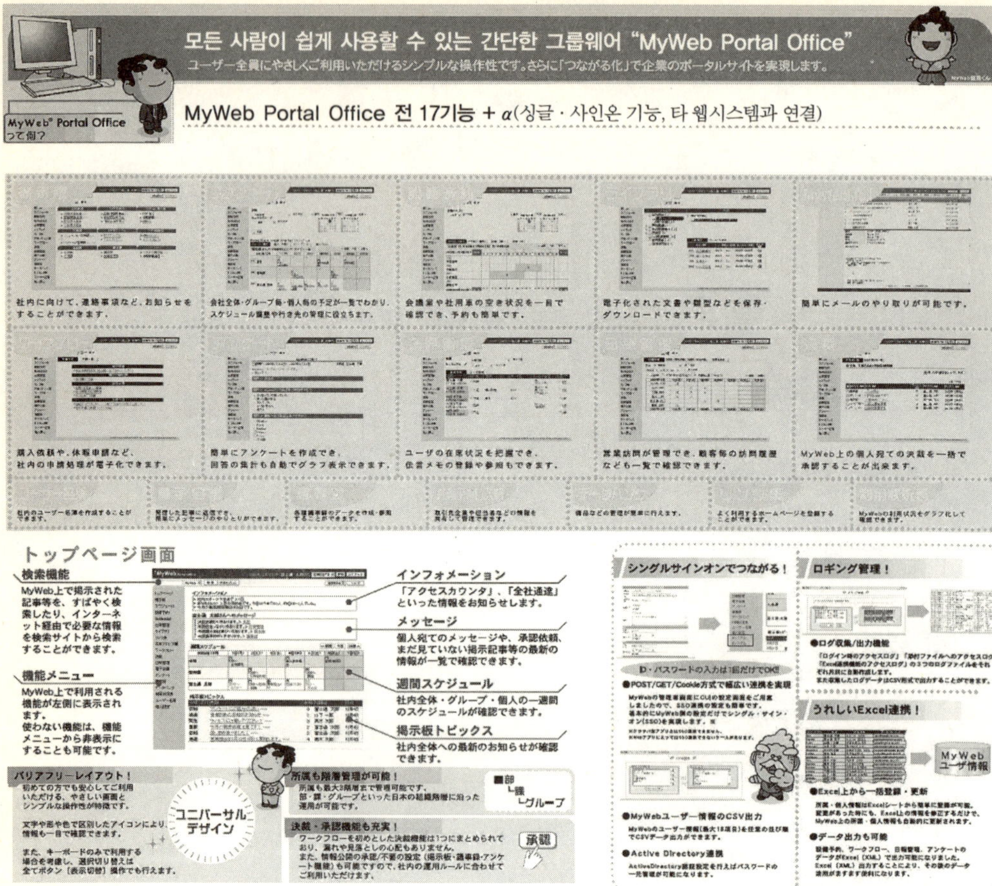

(주) MyWeb은 (주)후지쯔 시스템의 등록상표임.

▲ 그림 4.10.1-1 그룹웨어 MyWeb Portal Office 개요

사용하지 않는 기능은 기능 메뉴에서 비표시로 하는 등 단계적인 이용이 가능하다. 또 휴대 단말기(i-mode, EZweb, Vodafone Live!)와 PDA (Pocket PC2002/2003)에도 대응하며, 언제 어디서나 이용할 수 있다는 점을 특징으로 하고 있다.

4.10.2 MyWeb Portal Office의 환경부하 평가

(1) 평가의 목적

대상 레벨은 각각의 제품이며, 당 제품 MyWeb Portal Office를 도입하는 고객에게 결과를 공개한다.

본 제품을 도입한(또는 도입을 검토하고 있는), 종업원 수가 200명 규모인 기업에게 도입 전후의 환경개선 효과를 정량적으로 제시함을 목적으로 한다.

(2) 기능 단위

기능 단위는 종업원 수가 200명인 기업을 대상으로 게시판, 의사록, 라이브러리에 관한 서류의 게시 회람 및 스케줄 관리, 설비 예약 관리를 1년간 실시하는 경우로 설정한다.

(3) 시스템 경계

평가대상의 라이프 사이클 단계는 ICT 도입효과가 현저하게 나타나는 운용단계만을 평가하고, 제조단계 등 다른 단계에서의 환경부하 유발량은 무시할 수 있을 정도로 적다고 판단되어 평가에서 제외시켰다.

그림 4.10.2-1은 MyWeb Portal Office 도입 전후의 평가모델을 나타낸 것이다.

1) 도입 전

a. 게시판, 의사록, 라이브러리 등의 서류는 필요한 부수만큼 발행원에서 복사하여 각 현장에 게시하거나 회람하는 등의 방법으로 정보를 공유하였다.

b. 스케줄 관리는 행동 예정표로서, 수작업으로 화이트보드 또는 종이 대장에 조직별로 정리하여 정보를 공유하였다.

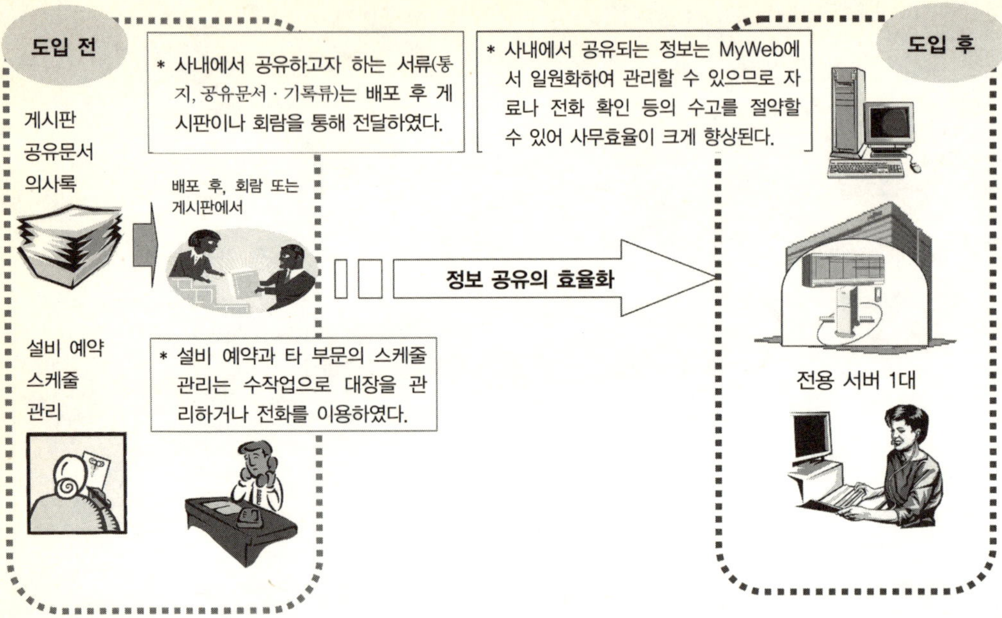

▲ **그림 4.10.2-1 MyWeb Portal Office 도입 전 후의 모델**

c. 설비 예약의 경우 각 사업소의 관리부문에서 종이 대장으로 관리하였다.

2) 도입 후

a. 게시판, 의사록, 라이브러리 서류 등 전부를 서버 측에서 집중 관리할 수 있으며, 복사 · 배포작업이 필요 없게 되어 종이 서류가 큰 폭으로 줄어들었다.

b. 스케줄 관리(착석 관리 및 사용자 명부)는 회사 전체에 대해 일원화된 관리가 가능해 커뮤니케이션을 효율화할 수 있었다.

c. 회사 전체의 설비 예약이 즉시 이루어지므로 종이 대장과 전화에 의한 예약작업이 필요하지 않게 되었다.

【평가방법】

평가는 2.2 '환경부하 계산'에 따라 실시했다.

표 4.10.2-1은 MyWeb Portal Office의 라이프 사이클 단계와 평가 대상 · 활동의 관계를 나타낸 것이며, **표 4.10.2-2**는 평가에 사용한 기초 데이터를 나타낸 것이다. 평가에는 후지쯔가 사내에서 운용하고 있는 ICT

의 환경영향 평가법을 적용하였다.

표 4.10.2-1 환경부하 평가에 있어서의 라이프 사이클 단계와 평가대상 · 활동의 관계

[범례 (○ : 평가대상, — : 평가대상 외)]

라이프 사이클 단계 / 활동	조달	설계 · 개발 · 제조	출하	유통	설치	기동 작업	운용	회수	폐기 · 리사이클
1) 재료 · 에너지 소비	—	—	—	—	—	—	○	—	—
2) ICT 기기 이용	—	—	—	—	—	—	○	—	—
3) 네트워크 인프라 이용	—	—	—	—	—	—	○	—	—
4) 소프트웨어 이용	—	—	—	—	—	—	—	—	—
5) 물자의 이동	—	—	—	—	—	—	—	—	—
6) 사람의 이동	—	—	—	—	—	—	—	—	—
7) 물자의 보관	—	—	—	—	—	—	○	—	—
8) 사람의 업무	—	—	—	—	—	—	○	—	—

(주) 후지쯔의 ICT 환경영향 평가법에서는 각 평가내싱을 다음과 같은 요인으로 평가한다.
재료 · 에너지 소비 : 물자 소비량(당 ICT에서는 종이 사용량), ICT 기기 이용 : ICT 기기 전력소비량, 네트워크 인프라 이용 : 네트워크 데이터 통신량, 물자의 보관 : 사무공간 또는 창고 공간, 사람의 업무 : 사무공간

표 4.10.2-2 MyWeb Portal Office 도입 전후의 기초 데이터

고려해야 하는 활동	후지쯔에 대한 영향 요인	기초 데이터	도입 전	도입 후
재료 · 에너지 소비	물자 사용량	종이 장수	46,500장	2,200장
ICT 기기 이용	IT · 네트워크 기기 전력소비량	서버 등	546kWh	6,646kWh
네트워크 인프라 이용	네트워크 데이터 통신량	데이터 통신	1,090MB	58,195MB
물자의 보관	사무공간	서류 공간	0.42m²	0.02m²
		기기 공간	0.0m²	0.5m²
사람의 업무		작업 공수	60명 · 월	20명 · 월

(4) 인벤토리 분석에 사용한 원단위

당 사례의 CO_2 배출량 환산은 **표 4.10.2-3** 원단위를 사용하였다.

표 4.10.2-3 원단위표

환경부하 요인		원단위	출전
물자의 소비	종이	1.16 kg-CO_2/kg	1995년판 산업연관표(1999)
	중량 환산 계수	0.004kg/장	종이 펄프 핸드북 98
사무공간 (사용 시)	1m²당	87.7kg-CO_2/m²/년	1995년판 산업연관표(1999), 민생부문 에너지 소비실태 조사(NEDO) 2001, 연료 종별 발열량(국립 환경 연구소) 2002
	1인당 업무공간	13.1m²/명	일본 빌딩협회 http://www.birukyo.or.jp/
IT · 네트워크 기기 전력소비/전력		0.44kg-CO_2/kWh	1995년판 산업연관표(1999)
네트워크 데이터 통신/데이터 통신		0.0025kg-CO_2/MB	ICT 서비스의 환경효율에 관한 보고서(산업환경관리협회) 2004

(주) 사무공간 원단위 등 출전이 산업연관표인 원단위는 1995년판을 기준으로 후지쯔 독자적으로 작성하여 만든 것이다.

(5) 결과

그림 4.10.2-2는 평가결과를 나타낸 것이다.

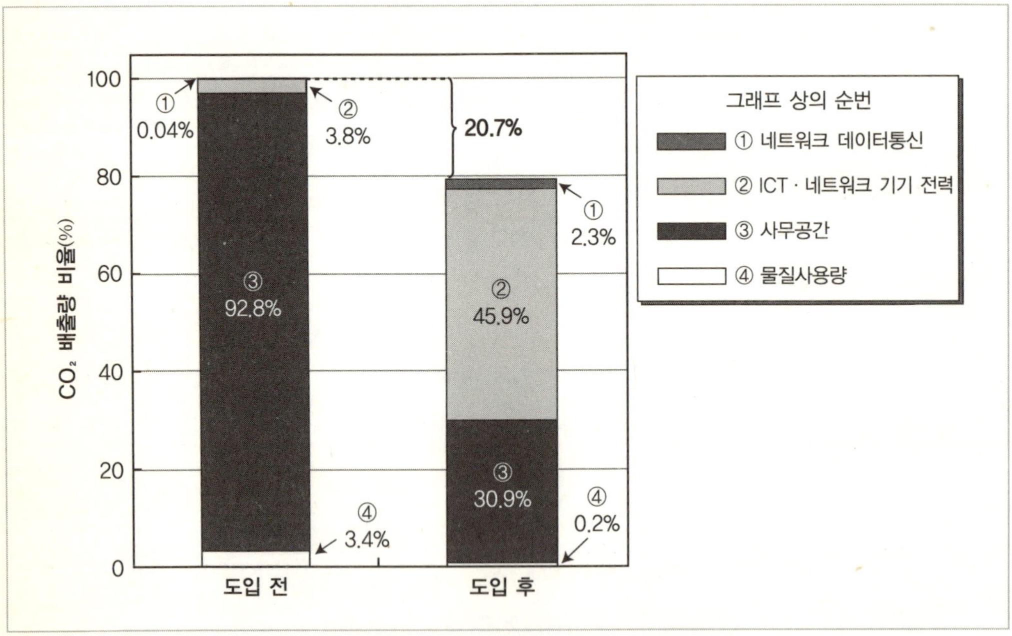

▼ 그림 4.10.2-2 평가결과

4.10.3 MyWeb Portal Office의 팩터 평가

(1) 평가목적

4.10.2 (1)의 목적과 동일하다.

(2) MyWeb Portal Office의 가치정량화

후지쯔의 ICT 환경영향 평가방법에서는 업무효율 향상을 작업 공수로 평가하며, 사무공간에 있어서 환경부하로 환산평가하기 때문에 ICT 도입 전후에 대한 가치는 임시로 동일하게 1로 정했다.

(3) 계산방법(식)과 결과

팩터는 MyWeb Portal Office 도입 전후에 정규화된 상기의 결과를 기준으로 다음과 같이 나타낸다.

$$\text{팩터} = \frac{1}{1 - 0.207} = 1.3 \qquad \text{(식 4.10.3-1)}$$

[参考文献]

1. NTTグループホームページ : NTTグループCSR報告書2005, http://www.ntt.co.jp/csr/kankyo/06_07.html
2. 高橋和枝, 中村ニ朗, 津田昌幸, 立道英俊, 西史郎 : 情報通信サービス (ICT) の環境効率, 日本LCA学会誌, Vol.No.3, 2005
3. Takahshi,K.I., M.Tsuda, T.Kunioka, J.Nakamura, and S.Nishi : Environmental Assessment of Videoconference-New Assessment Methodology for ICT Services Considering Ripple Effects and Performance Indicators, Proceedings of the Sustainable Innovation 05, p.272～276, 2005
4. 高橋和枝, 津田昌幸, 中村ニ朗, 西史郎 : 情報通信サービスの波及効果と機能価値を考慮したLCA評価手法の研究— TV会議サービスを例として—, 日本LCA学会誌投稿予定

5. Takahashi,K.I., H.Tatemichi, T.Tanaka, S.Nishi, and T.Kunioka : Environmental Impact of Information and Communication Technologies Including Rebound Effects, Proceedings of the 2004 IEEE International Symposium on Electronics and the Environment, p.13～16, 2004
6. 東芝ソリューションホームページ : http://www.toshiba-sol.co.jp/sol/cpc/project.htm
7. Kobayashi.Y *et al.* : Proceedings of EcoDesign2005, 2B-3-1S, 2005
8. 東芝グループホームページ : http://www.toshiba.co.jp/env/jp/products/Index_j.htm
9. 赤尾洋二 : 品質展開入門, 日科技連, 1990
10. 富士通ホームページ : 旧労働省作業関連疾患の予防に関する研究班の成果 http://jp.fujitsu.com/group/fst/services/frontier/kokoro/e-shindan/product/
11. (社) 産業環境管理協会 : 情報通信技術 (ICT) サービスの環境効率事例収集及び算定基準に関する検討成果報告書, 2004
12. 西, 濱塚, 谷, 臼見 : システム製品対応の環境影響評価手法「SI-LCA」 ; エコデザイン2004ジャパンシンポジウム論文集, p.268～271, 2004
13. 濱塚, 西, 谷, 臼見 : システム・サービス製品の環境影響評価手法SI-LCAの開発と事例検証, 日本LCA学会誌, Vol.2, No.3, p.281～287, 2006
14. 日本環境効率フォーラム : 情報通信技術 (ICT) の環境効率評価ガイドライン, 2006
15. 原田大生, 宮本重幸 : エコソリューション設計支援ツール, 第1回 日本LCA学会研究発表会要旨集, p.262～263, 2005
16. (社) 産業環境管理協会 : 情報通信技術 (ICT) サービスの環境効率事例収集及び算定基準に関する検討成果報告書, p.21, 2004

제5장 ICT 평가의 과제 및 향후 방향성

5.1 환경부하 계산에 있어서의 불확정 요소

5.2 ICT 기능 및 가치 계측/5.3 리바운드 효과의 고려

지금까지 이 책을 읽어주신 독자들에게 감사를 표한다. 'IT 사회를 환경 면에서 측정하는 그린 IT'가 어떤 것인지 그 개요를 파악할 수 있었을 것이라 생각된다. 본 장에서는 ICT의 평가과제 및 향후 방향에 대해 설명해 보기로 한다.

ICT의 환경부하 계산에는 불확정 요소가 필연적으로 포함된다. 제4장에서 소개한 사례에서도 불확정 요소를 인식하면서 가장 타당하다고 판단되는 대처법을 통해 결과를 산출하였다. 환경효율의 분자인 기능 · 가치의 계측에 관해서는 ICT뿐만 아니라 그 외의 분야에서도 검토가 시작되었는데, 향후 연구성과와 논의에 의해 의견일치를 이끌어내도록 해야 할 것이다. 또 아무리 '환경에 좋은' 제품이나 서비스가 제공되었다고 하더라도 결과적으로 환경부하가 증가하는 예가 발생한다. 이에 그러한 리바운드 효과를 고려해야 한다는 중요성이 지적되고 있다.

ICT가 '그린 IT'를 이룰 수 있을지에 대한 여부는 ICT를 개발하고 제공하는 기업의 환경효율을 향상시키고자 하는 노력만으로는 불가능하다. 다시 말해 이용하는 사람이 '얼마나 올바르게 사용하는가'에도 달려 있다는 사실을 명심해야 할 것이다.

5.1 환경부하 계산에 있어서의 불확정 요소

환경효율 지표의 분모에 해당하는 환경부하는 제2장에서 자세하게 설명한 바와 같이 라이프 사이클 어세스먼트(LCA) 방법에 따라 평가할 수 있다. 그러나 ICT 환경부하 평가에 있어서는 다른 제품 · 시스템에 비해 불확정 요소가 많이 발생한다. 본 절에서는 ICT 고유의 불확정 요소에 대해 소위 네트워크 통신판매를 예로 들어 정리해 보기로 한다.

서버가 네트워크 통신판매에만 사용되는 경우는 서버의 라이프 사이클에 관계된 모든 환경부하를 계산 대상으로 한다. 한편 서버를 다른 서비스에서 공유하고 있는 경우는 서버에 관계된 환경부하의 일부만을 계산 대상으로 해야 한다. 예를 들면 서버 전체의 환경부하를 데이터 통신량에 기준하여 여러 가지 서비스에 배분시켜야 한다. 그러나 각 서비스에 기인하는 환경부하량이 (가령 그것이 정확하게 계측되었다고 하더라도) 데이터 통신량에 비례하는지의 여부는 확정적이지 않기 때문에 서버의 이용상황을 파악해야 한다. 이 점에 대해서는 제2장에 소개된 칼럼인 '서버 이용의 배분'(p.61~62)을 참조하기 바란다.

네트워크 통신판매의 판매자 측 · 구매자 측 모두 국내에 있더라도 해외에 설치된 서버를 이용하는 경우를 흔히 볼 수 있다. 전력 사용의 이산화탄소(CO_2) 배출 원단위에 대해서는 일본 국내의 값보다도 해외 값의 경우가 불확실성이 높을 것으로 예상된다. 또 인터넷을 이용하는 경우에는 데이터의 통신경로를 사전에 특정할 수 없기 때문에 어느 나라, 어느 지역의 원단위를 이용해야 하는지 확정할 수 없다. 단, 확정적이지 않기 때문에 평가할 수 없다는 것보다는 투명성을 확보하면서(예를 들면 일본 국내의 원단위를 사용했다는 사실을 명시하고) 평가하는 것이 바람직하다는 의미이다. 물론 해외의 데이터 수집 등을 포함하여 기여도가 특히 큰 중요한 원단위에 대해서는 정밀도를 높여야 한다.

네트워크 통신판매 시스템에는 소비자가 자택에서 사용하는 PC도 포함된다. 따라서 소비자의 PC 사용방법에 따라 네트워크 통신판매 시스템 전체의 환경부하가 변화한다. 이른바 ICT는 잘 사용하면 환경부하 저감에 공헌하지만, 사용방법이 좋지 않은 경우에는 반대로 환경부하를 증가시킬 우려도 있다. ICT 시스템이 어떻게 사용될 것인가는 ICT의 환경부하 평가에 있어서 가장 비중이 큰 불확정 요소라고 할 수 있다. 평가할 때 이러한 불확정 요소를 역이용하여 여러 가지 사용형태를 상정하는 등의 방법을 이용해야 할 것이다. 예를 들어 '이와 같은 방법으로 잘 사용하면 친환경적으로 사용할 수 있다' 등과 같은 메시지를 전달할 수 있는 계몽적인 형태로 결과를 나타내는 것이 바람직하다.

5.2 ICT 기능 및 가치 계측

환경효율 지표의 분자에 해당하는 가치지표는 3.2절에서 설명한 바와 같이 물리적 · 감각적 지표 또는 경제적 지표로 나타낼 수 있다. 본 절에서는 ICT의 기능과 가치를 계측할 때 유의해야 할 점과 향후 과제를 지적해 보기로 한다.

제4장의 실시 예에서 알 수 있는 바와 같이, ICT의 기능을 나타내는 지표로서 통신속도와 처리속도라는 물리적 지표가 전형적으로 이용되고 있다. 그러나 ICT의 가치가 이러한 종류의 물리적 지표(=기능)에 비례한다고 생각해도 무방한지는 다시 한 번 생각해 보아야 한다. 영상 전달 서비스를 이용하여 영화를 보는 소비자의 경우, 이용 중인 통신속도 서비스의 속도에 불만이 없다면 더욱 빠른 서비스에 그다지 매력을 느끼지 못할 것이다. 반대로 일정 수준 이하의 통신속도는 거의 이용하지 않게 될 것으

▶ **그림 5.2-1**
기능에 대한 물리적 지표와 가치 사이의 비례적이지 않은 관계

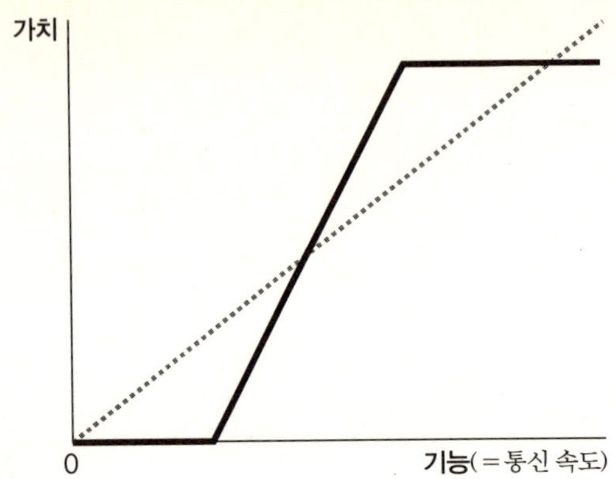

로 판단된다. 즉, 기능(=물리적 지표)과 가치 사이에는 **그림 5.2-1**의 점선과 같은 비례적 관계뿐만 아니라 실선과 같은 관계도 존재한다고 생각된다. 또 PC의 처리속도가 향상되었다고 하더라도 표준 소프트웨어가 처리속도 향상을 예상하여 설계되기 때문에 기기의 속도 향상이 그대로 업무시간 단축이나 능률 향상으로 이어진다고 할 수 없다. 즉, 소프트웨어의 새로운 기능을 모두 잘 다루는 사용자의 경우는 기능 향상이 가치 향상으로 이어지지만, 기존 기능만으로 업무에 임하는 사용자의 경우는 기능 향상이 가치 향상으로 이어지지 않을 수 있다. 따라서 **관능평가**(또는 **관능검사**) 방법[1, 2]을 통해 수량화된 능률 향상을 가치 통합지표에 포함시키는 등 가치지표 자체를 개선하거나 물리적 지표와 가치 사이에 비례적 관계를 상정할 수 있는 범위에서 평가대상을 한정하는 등과 같은 점에 유의하여 계측을 실시해야 한다.

여러 가지 물리적 · 감각적 지표를 합쳐 가치의 통합지표를 산출하거나 통합하여 얻은 가치의 지표를 화폐가치 등으로 환산하는 방법도 가능하다(LCA에 있어서의 영향평가에 일본 판 피해 산정형 영향평가 방법(LIME)[3]을 이용하는 것과 동일함). 통합을 위한 계산식은 신중히 선택해야 하나 우선

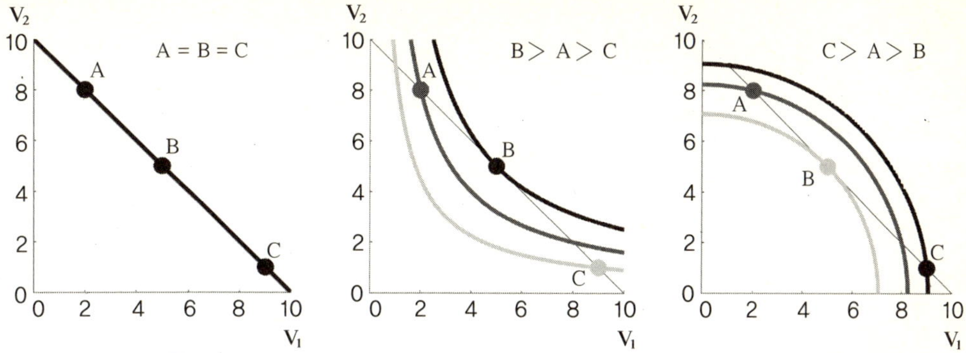

a. 합 $V = V_1 + V_2$ b. 곱 $V = V_1 \times V_2$ c. 제곱 합의 평방근 $V = \sqrt{V_1^2 + V_2^2}$

▲ **그림 5.2-2** 가치 통합지표의 계산식과 평가 개념

은 통합하기 전에 여러 개의 지표를 레이더 차트에 그려 넣고 비교 · 검토하는 것이 바람직하다. **그림 5.2-2**는 두 개의 지표를 세 종류의 계산식(합, 곱, 제곱화 평방근)을 이용하여 통합한 경우를 나타낸 것인데, 통합지표의 값을 표고로 나타내고 등고선을 곡선으로 표시했다. 중앙 및 오른쪽 끝의 그림에는 3종류의 곡선이 그려져 있는데, 색깔이 진한 곡선 쪽이 표고가 높은(통합지표 값이 큼) 것이다. 합에 의한 통합지표인 경우 세 개의 점 A(2, 8), B(5, 5), C(9, 1)으로 표시되는 조합은 모두 통합지표의 값과 같다. 곱에 의한 통합지표인 경우 평가 값이 높은 것부터 나열하면 B, A, C의 순서를 이루는데, 두 개의 지표가 균형적으로 조합된 쪽이 높게 평가된다는 사실을 알 수 있다.

한편 제곱 합의 평방근에 의한 통합지표인 경우는 C, B, A의 순으로 나열할 수 있으며, 한 개의 지표에 대해 우수한 조합이 높게 평가받는다는 사실을 알 수 있다(예를 들면 복사와 팩스의 중간기능을 가진 복합기보다는 복사기능만 우수한 쪽이 높게 평가됨). 통합지표의 계산식을 선택할 때는 가치를 평가하는 목적에 따라 계산식이 가지는 의미에 유의하면서 선택해야 한다.

가치지표는 3.2절에서 설명한 바와 같이 물리적 지표, 감각적 지표 또는 경제적 지표로 표시된다. 이들 세 개의 카테고리 중 경제적 지표만 다른 역할을 하게 되는데, 이에 대해 설명하기로 한다. 환경효율 지표를 단순한 평가지표가 아닌 과제 추출 등의 목적으로 분석에 이용하기 위해서는 ICT 시스템의 가치를 구조적으로 파악해야 한다. 그러기 위해서는 물리적 · 감각적 지표를 통합한 지표로서 가치를 나타내는 것이 바람직하다. 구조적으로 가치지표를 계산할 수 없는 경우에는 간편하지만 포괄적인 지표로서 경제적 지표(예를 들면 회계상의 비용이나 매상, 제품의 가격 등)를 이용할 수 있다. 물론 시장을 독점하고 있는 생산자가 제품의 가치보다 높은 가격을 책정하는 경우도 있고, 행정개입에 의해 제품의 가치보다도 낮은 가격으로 책정되는 경우도 있기 때문에 제품의 가격이 제품 자체의 가치와 동등하다고는 말할 수 없다. 그러나 헤도닉 어프로치(Hedonic Approach)[4]의 개념에 따르면, 가격은(불완전한 경우라도) 제품의 가치를 반영하고 있기 때문에 구조적으로 가치지표를 구할 수 없는 경우의 간편한 대리지표로서는 가격을 이용하는 것이 타당하다고 할 수 있다.

ICT 시스템은 본질적으로 시간절약에 공헌하는 경우가 많다. 예를 들어 화상회의는 출장 이동시간을 줄이고, 장서 검색은 도서 카드 검색시간을 줄일 수 있다. 즉, 절약된 시간은 ICT 시스템이 만들어내는 가치의 중요한 구성요소이다. 필요로 하는 시간이 짧은 쪽이 많은 가치를 만들어낸다고 판단되므로(예를 들어 가치의 통합지표를 가중 합이라고 보고, 화폐 단위로 구하는 경우는 필요로 하는 시간에 평균 임금률을 곱하여 감산하는 등) 시간을 가치의 지표로 통합할 수 있다.

위에서 설명한 바와 같이 세 개의 카테고리 중 경제적 지표만 다른 역할을 가지고 있다. 즉, 제품가격 등의 경제적 지표는 단독으로 물리적 · 감각적 지표를 통합한 가치인 통합지표의 대리지표가 될 수 있다. 지표 통합에 있어서 이중 계산될 가능성이 높기 때문에 물리적 · 감각적 지표에 맞춰 경제적 지표를 통합하는 것은 피해야 한다. 예를 들어 문서관리 시스템을 평가대상으로 하는 경우 정보 보안도, 정보 검색률, 정보 입수의 용이함 등과 같은 물리적 · 감각적 지표를 통합하는 것은 가능하지만, 이에 경상이익 등의 경제적 지표를 함께 통합해서는 안 된다. 또 종이 절감량은 문서관리 시스템의 성능을 나타내는 지표의 하나가 될 것으로 생각되지만, 이것도 가치지표로서 통합하는 것은 피해야 한다. 왜냐하면 종이는 단순한 매체로서 문서 · 정보 자체가 아니며, 가치를 만들어내지는 않기 때문이다. 종이 사용량은 종이의 단가와 함께 경상이익 계산에 이용되어야 한다. 이와 마찬가지로 기기 성능에 있어 절전설계라는 것(저감된 전력 소비량)을 가치지표로서 통합하는 것도 피해야 한다.

경제적 지표의 장점은 간편하면서도 포괄적이라는 점이다. 한편 물리적 · 감각적 지표(또는 이들을 통합한 것)의 장점은 구조적인 파악을 가능하게 한다는 점이다. 여기서 한 쪽의 장점은 다른 쪽의 단점이기도 하므로 양쪽의 특징을 파악하는데 데이터 확보가 어려울 때는 경제적 지표의 이용부터 시작하는 것이 바람직하다. 또 물리적 · 감각적 지표로 구한 통합지표를 이용하는 경우에도 경제적 지표를 통합지표의 타당성 검증을 위한 참고 값으로서 이용하는 것이 바람직하다.

5.3 리바운드 효과의 고려

에너지 경제학이나 '지속 가능한 소비' 분야에서 리바운드 효과의 중요성이 지적되고 있다.[5,6] 리바운드 효과란 단어의 의미로 알 수 있는 바와 같이 ICT 시스템 도입에 의해 환경부하가 감소될 것으로 예측하였으나 결과적으로 '리바운드' 되어 환경부하가 증가해 버리는 결과를 초래하는 효과의 총칭이다. 리바운드 효과의 개념은 19세기 경제학자인 W. S. Jevons가 제안한 이후, Jevons 역설로 알려져 있는 내용과 매우 유사하다.[6] 즉, 제품의 제조단계에 있어서 자원생산성이 향상되면 사회 전체에서의 자원소비량이 감소할 것으로 기대되지만, 이와 동시에 제품가격의 하락, 그에 따른 수요 증가가 초래되기 때문에 결과적으로 자원소비량이 증가하는 경우가 발생한다. 수요 증가는 사회로의 광범위한 보급이라고 바꾸어 해석해도 무방하다. ICT 시스템은 그 사회에 대한 광범위한 보급 및 각 방면에 대한 효과가 기대되므로, ICT 시스템의 환경영향 및 환경효율 평가 시에는 리바운드 효과를 적절히 고려해야 한다.

리바운드 효과에 대한 주변의 구체적인 예로는 다음과 같은 것이 있다. 즉, '네트워크 통신판매를 이용함으로써 이동량이 감소했지만 시간이 절약되기 때문에 남는 시간에 인터넷을 이용한다', '절전에 의해 전력 사용량은 감소했지만 저금을 하게 되므로 여행을 간다', '전자메일의 보급으로 기존의 우편서비스보다 효율적인 메시지 전송이 가능하게 되었지만 엽서 · 봉투를 사용하던 때에는 상상도 하지 못할 정도로 많은 정보를 전자메일로 주고받는다' 등이 그것이다. 어떤 경우에나 근시안적으로 본다면 환경부하가 줄어들 것으로 기대되지만, 전체적으로 살펴보면 환경부하 저감량이 기대 이하이거나 오히려 증가할 가능성이 있다.

ICT 시스템 보급을 비롯하여 사회 전체를 대상으로 하는 평가방법이 요구된다. 하지만 '리바운드'라는 명칭 자체가 이를 고려하거나 평가하기 어렵다는 의미를 가지고 있기 때문에 리바운드 효과에 대한 범용적인 평가방법이 없는 것 또한 현실이다.

이용 가능한 평가방법으로는 거시적인 경제분석 방법(시장경제의 특징을 나타내는 가격탄력성 등의 지표에만 의존하여 리바운드 효과를 평가하는 방법)과 경제분석 중에 비교적 Bottom-up적인 방법(응용 일반 균형분석, 산업연관 분석), 그리고 보텀업 방법(리바운드의 체계에 대한 상세 시나리오를 포함한 평가 등)이 있으며, 가능하다면 이를 상호 보완적으로 이용하는 것이 바람직하다.[5, 6, 7, 8]

ICT 시스템의 본질적인 특징으로서 시간절약으로 남는 시간을 어떻게 사용하는지, 사회 전체에 보급되었을 때 어떤 영향을 주는지 등을 고려해야 한다. 포괄적인 경제분석을 실시하기 어려운 경우라도 이러한 점과 관련된 시나리오에 대해 평가하는 것이 바람직하다. 그러한 평가가 시행착오라는 결과를 낳더라도 리바운드 효과를 최대로 고려한 시나리오 분석 내용은 ICT 시스템이 '리바운드되지 않고' 보급될 미래사회에 공헌하게 될 것이다.

[参考文献]

1. 日科技連官能検査委員会編 : 官能検査ハンドブック, 日科技連出版社, 1973
2. 天坂格郎, 長沢伸也 : 官能評価の基礎と応用 自動車における感性のエンジニアリングのために, (財) 日本規格協会, 2000
3. 伊坪徳宏, 稲葉敦編著 : ライフサイクル環境影響評価手法 LIME-LCA, 環境会計, 環境効率のための評価手法・データベース, (社) 産業環境管理協会, 2005
4. 太田誠 : 品質と価格 新しい消費者の理論と計測, 創文社, 1980
5. Greening, L.A., D.L.Greene, and C.Difiglio : Energy Efficiency and Consumption : The Rebound Effect-A Survey, Energy Policy, Vol.28, No.6-7, p.389~401, 2000
6. Hertwich, E.G. : Consumption and the Rebound Effect : An Industrial Ecology Perspective, Journal of Industrial Ecology, Vol.9, No.1-2, p.85~98, 2005
7. 鷲田豊明 : 環境政策と一般均衡, 勁草書房, 2004
8. Takase, K., Y.Kondo, and A. Washizu : An Analysis of Sustainable Consumption by the Waste Input-Output Model, Journal of Industrial Ecology, Vol.9, No.1-2, p.201~219, 2005

약어표

ADSL
Asymmetric Digital Subscriber Line

BCSD
Business Council for Sustainable Development
지속 가능한 발전을 위한 경제인회의

CD
Compact Disc

DfE
Design for Environment
환경배려 설계

DIEL
Digital Innovation for the Enhancement of Life

DVD
Digital Versatile Disk

ETC
Electronic Toll Collection System

FD
Floppy Disk

GWP
Global Warming Potential
지구온난화 영향

HDD
Hard Disk Drive

ICT
Information and Communication Technology
정보통신기술

IP
Internet Protocol

IPv6
Internet Protocol version 6

ISDN
Integrated Services Digital Network

ISP
Internet Services Provider

kbps
kilo bits per second

LAN
Local Area Network
구내통신망

LCA
Life Cycle Assessment
라이프 사이클 어세스먼트

OECD
Organisation for Economic Cooperation and Development
경제개발협력기구

OS
Operating System

PC
Personal Computer

PDA
Personal Digital Assistants

QFD
Quality Function Deployment
품질기능 전개

SI
System Integration
시스템 통합

SIS
Sustainable Information Society

WBCSD
World Business Council for Sustainable Development
지속 가능한 발전을 위한 세계 경제인회의

WWW
World Wide Web

WICE
World Industry Council for the Environment
환경문제에 관한 세계 산업협의회

WSIS
World Summit on the Information Society
세계 정보사회 서미트

찾아보기

나

다

라

마

바

사

아

자

차

옮긴이에 대하여

김성희(SOUNG HIE KIM/金聖曦)

서울대학교 공과대학 학사
미 Univ. of Missouri-Columbia 산업공학 석사
미 Stanford 대학원 경영공학 박사
미 Michigan 경영대학원 및 독일 Hagen/Bochum 대학교 객원교수
KAIST 테크노경영대학원 대학원장
LG그룹, 삼성그룹, 현대차그룹, 동부그룹 및 현대백화점 등 자문교수 및 사외이사
전자정부위원 및 현 정부업무평가위원
현, KAIST 정보미디어 경영대학원 교수, KAIST Green IT 연구센터(GRC) 센터장

주요 저서 『다이나믹 리엔지니어링』, 『정보기술과 의사결정』, 『e-business 원론』, 『인터넷과 전자상거래』 등 12편

김재경(JAE KYEONG KIM/金載京)

서울대학교 산업공학 학사
KAIST 산업공학 석사
KAIST 산업공학 박사
Minnesota 주립대학교 경영대학 및 Texas 주립대학교(Dallas) 경영대학 객원교수
경영정보학회 부회장 및 지능정보연구 편집위원장
현, 경희대학교 경영대학 교수
BK21 인문사회 핵심사업팀(네트워크 과학에 기반한 경영학 전문연구인력양성팀) 단장

주요 저서 『그린 비즈니스/IT : 생존에서 기회로』, 『ERP와 경영혁신』, 『비즈니스 인텔리전스』, 『e-비즈니스 시대의 경영정보시스템』 등 10편

최주철(JU CHOEL CHOI/崔朱徹)

경희대학교 공과대학 학사
경희대학교 대학원 경영학 석사
경희대학교 대학원 경영학 박사(학위논문 제목 : 한국의 그린 비즈니스/IT 실태분석을 통한 추진전략 우선순위 도출에 관한 연구)
롯데백화점 전산정보팀장
롯데면세점, 롯데홈쇼핑, 롯데리아, 크리스티크림 도너츠, TGI프라이데이 커뮤니티팀장
현, 롯데정보통신 부장

그린 IT 경제학

초판 1쇄 인쇄 2009년 5월 10일
초판 1쇄 발행 2009년 5월 15일

엮은이 마츠노 야스나리 · 곤도 야스유키
옮긴이 김성희 · 김재경 · 최주철
펴낸이 박기남
펴낸곳 **율곡출판사**
121-872 서울시 마포구 염리동 36-249
전화 (代) 02) 718-9872/3
팩스 02) 718-9874
home-page www.yulgokbooks.co.kr
e-mail yulgokbook@naver.com
등록 1989.11.10. 제5-206호(윤)
ISBN 978-89-91830-50-9 93320

정가 20,000원